WESTEND

© privat

© Anja Weber

Arno Frank, freier Autor und *taz*-Inlandskorrespondent, war zehn Jahre lang »Teamchef« von *verboten*.

Peter Unfried, Chefreporter der *taz*, ist der Erfinder von *verboten*. Er schrieb am 4. März 2000 das allererste *verboten*. Er ist seit 1999 bei der *taz*.

Arno Frank / Peter Unfried

VERBOTEN

Die zärtlichste Rubrik,
seit es Satire gibt

WESTEND

Mehr über unsere Autoren und Bücher:
www.westendverlag.de

Die Deutsche Nationalbibliothek verzeichnet diese Publikation in der Deutschen Nationalbibliografie; detaillierte bibliografische Daten sind im Internet über http://dnb.d-nb.de abrufbar.

MIX
Papier aus verantwortungsvollen Quellen
FSC
www.fsc.org
FSC® C083411

ISBN 978-3-86489-029-1

Umschlaggestaltung: Buchgut, Berlin
Satz: Publikations Atelier, Dreieich
Druck und Bindung: CPI – Clausen & Bosse, Leck
Printed in Germany

Inhalt

1 Guten Tag, meine Damen und Herren! Eine Warnung

Von Stefan Kuzmany

Gut, dass Sie dieses Buch gerade zufällig zuerst an dieser Stelle aufschlagen, vielleicht ist es ja noch nicht zu spät. Sollten Sie sich gerade in einem Buchladen aufhalten, dann stellen Sie dieses Buch diskret wieder ins Regal zurück und tun Sie so, als wäre nichts vorgefallen. Sollte sich dieses Buch aufgrund widriger Umstände bereits in Ihrem Eigentum befinden, vermeiden Sie Gebrauchsspuren, schlagen Sie es direkt wieder zu, verpacken Sie es und versuchen Sie, es umzutauschen oder »wie neu« zu verkaufen. Verschenken sollten Sie es lieber nicht, und wenn Sie es selbst geschenkt bekommen haben sollten, dann von jemandem, der Sie nicht mag.

Denn Fakt ist: Dieses Buch ist vollkommen sinnlos. Es enthält nicht viel mehr als eine Ansammlung alter, kurzer Zeitungsartikel, die allesamt unter großem Zeitdruck und entsprechend wenig durchdacht erstellt (man könnte für viele der Texte auch sagen: hingehudelt) wurden, in jedem Fall aber mit engem Bezug auf ein tagesaktuelles Ereignis. Es sind Gebrauchstexte für den Tag, für genau die Stelle in der Zeitung, an der sie standen: auf der Seite 1, 32 Zeilen lang, vorne Begrüßung, hinten fettgedruckte Pointe, und, merke: als Steuercode den »Soft Return« verwenden, damit keine unschönen Umbrüche entstehen. Zu lesen auf dem Weg vom Briefkasten die Treppe hinauf oder schnell in der U-Bahn, vielleicht kurz lachen oder sich aufregen, fertig.

Diese Texte als Buch zusammenzufassen, widerspricht ihrem Charakter grundlegend. *verboten* sollte sich eigentlich nach der Lektüre selbst zerstören, es ist eher gesprochenes Wort als gedrucktes, es verflüchtigt sich. *verboten* ist nicht für die Ewigkeit. Ich habe eine Menge davon geschrieben, aber ich erinnere mich an kein einziges. Beziehungsweise: nur an die schlimmsten.

Hier irgendwo an anderer Stelle beschreibt Peter Unfried, was *verboten* alles ist oder sein sollte oder sein könnte (diesen Text sollten Sie vielleicht doch auch noch lesen, bevor Sie dieses Buch wieder loswerden); ich habe nach dessen Lektüre erstmals und endlich begriffen, was wir da die ganzen Jahre über angeblich gemacht haben. Aber Unfried schreibt über Ziele und Ideen und also über ein ideales *verboten*. Leider war und ist *verboten* aber meist sehr weit entfernt von diesem Ideal. Es ist oft richtig schlecht.

Es gibt *verboten*, die nur aus einer vermischten Meldung bestehen, in irgendeinem Zoo auf der Welt haben sich Schildkröten geküsst, na und? Aber das sind längst nicht die schlimmsten. Es gibt *verboten*, bei deren Erstellung Tränen gelacht werden, aber schon am selben Abend kann niemand mehr sagen, warum eigentlich. Es gibt *verboten*, die schreibt einer allein und versteigt sich dabei in einen ganz privaten Witz, den nur er versteht, vielleicht nicht mal er, und es ist niemand da, der ihm den Unsinn wieder ausreden würde. Es gibt *verboten*, die werden nur geschrieben, um redaktionsintern irgendjemanden anzupinkeln, was für eine armselige Form der Auseinandersetzung. Es werden *verboten* geschrieben, nur zu dem Zweck, politisch korrekte LeserInnen und KollegInnen auf die Palme zu bringen, *verboten* gegen Frauen, gegen Minderheiten, gerne auch mal mit Nazi-Nähe kokettierend, selbstverständlich immer sehr ironisch und mit Distanz, aber eben auch ohne irgendeine gute Absicht. Und wirklich furchtbar wird es, wenn mal wieder irgendein besonders witziger Mensch aus dem *verboten*-Team auf die glorreiche Idee verfällt, eine Serie zu starten, und zwar ohne sich zu überlegen, wie man aus der Nummer einigermaßen elegant wieder herauskommt. So werden wochenlang Gags totgeritten, die bestenfalls beim ersten Mal erledigt gewesen wären, normalerweise aber selbst da schon nicht richtig lustig sind. *verboten* ist oft genug eine Qual, bei der Erstellung und wohl auch bei der Lektüre.

Und doch ist *verboten* selbstverständlich großartig, denn es handelt sich dabei um die wohl freiesten 32 Zeilen der deutschen Presselandschaft. Hier redet niemand rein, hier ist keine Rücksicht zu nehmen, weder auf Anzeigenkunden (gibt's eh nicht) noch auf Chefredaktion (gibt's in dem Sinne auch nicht so richtig), und falls ein Chef vom Dienst mal meckert, dann lass' ihn meckern. Nein, hier herrscht wahre Pressefreiheit.

Was das *verboten*-Team über die Jahre aus dieser Freiheit gemacht hat, können Sie in diesem Buch lesen. Falls Sie unbedingt wollen. Ich habe Sie gewarnt.

2 Dadurch ändert sich die Welt. Wie *verboten* wurde, was es ist

Von Peter Unfried

Im ICE von Frankfurt nach Berlin sah ich ein Mädchen, das *verboten* las. Es war zu jener Zeit, als man noch nicht wieder »Mädchen« zu jungen Frauen sagen durfte. Ob es heute längst ein Großmütterchen ist oder eine kinderlose Karrierefrau ohne Karriere, kann ich nicht sagen. Aber ich sehe immer noch vor mir, wie die konzentrierten Gesichtszüge des Mädchens sich zu einem Lächeln entspannten, in der Sekunde, als die *verboten*-Pointe zündete. Es war einer dieser Momente. Ergreifend. Ich dachte: dafür zu arbeiten!

Ich habe dieses Bild von Stund' an im Herzen getragen und sehe es stets vor mir, wenn es gilt, auf die Pointe zuzuschreiben. »Du trägst dieses Bild im Herzen?«, fragte mich *verboten*-Mitgründer Stefan Kuzmany, als ich ihm davon erzählte. Was ich genommen hätte, ob ich es nicht ein bisschen übertreiben würde und so weiter. »Ich brauche einfach Begründungen, warum *verboten* ein Solitär in der deutschen Presselandschaft ist«, sagte ich. »Ein Solitär in der deutschen Presselandschaft«, brummte Kuzmany und zog die berüchtigte kuzy-Augenbraue nach oben. Damit war aus seiner Sicht alles gesagt.

War *verboten* doch nicht so toll, wie ich immer gehofft hatte? Nahmen wir von der *taz* uns in diesem Fall ausnahmsweise zu wichtig? Wägen wir die Argumente ab.

verboten erschien erstmals am 4. März 2000 auf der Titelseite der *taz*, und zwar oben links. Damals noch unter dem ursprünglichen Namen *die tagesschau*. Es erschien, weil die Zeit reif war. Nicht alle erkannten das sofort.

»Aha, wollt ihr jetzt das Streiflicht nachmachen?« Die Leute wieder. Das Streiflicht ist die Seite-1-Glosse der *Süddeutschen Zeitung*. Das Gegenteil war richtig. Wir wollten *kein* Streiflicht machen. Eine qualitative Marktanalyse hatte ergeben, dass alle das Streiflicht toll fanden – und praktisch keiner es las. Zwei verheerende Befunde. Wir wollten das Gegenteil: etwas, das nicht alle toll finden, sondern die einen lieben und die anderen hassen – das aber alle lesen. Es sollte also kein Aufsatz sein, sondern kurz und knackig. Es sollte auch kein Rätsel sein (»Worum geht es hier wohl?«), und schon gar nicht sollte es eine anachronistische bildungsbürgerliche Attitüde mumifiziert ausstellen, sich von Goethe zu Kant hangeln mit der üblichen wohlfeilen Verachtung für Menschen, die jenseits von Gymnasium und halbakademischer oder beamtlicher Festanstellung ihr Ding machten (Bohlen, Feldbusch, Matthäus, usw.).

Es sollte im Gegensatz zu dem Satiriker Hans Zippert und seiner Seite-1-Rubrik bei der *Welt* auch keine Glosse sein, sondern ein subjektiver Kommentar zu einem tagesaktuellen Thema mit den drei klassischen Komponenten Konkretisieren, Argumentieren, Interpretieren. Mit einer überraschenden Erkenntnis, die sich raketenartig, aber logisch aus den angeführten Argumenten ergab. Das alles auf 32 Zeilen und im Gegensatz zum konventionellen Kommentar mit einem knallharten journalistischen Leadsatz, der Nachricht und Thema einführte. Das Ziel: die Welt und gegebenenfalls ihre Absurdität auf den aktuellen Punkt bringen.

Mein persönlicher Ansatz war es auch, einen Teil der Identität der *taz* auf die erste und wichtigste Seite zu holen: den subversiven Humor. Und eine neue Aura der Kreativität zu schaffen, die speziell jene Leser ansprach, die der *taz* unterstellten, sie und auch ihr Humorverständnis seien etwas erstarrt und im 20. Jahrhundert verhaftet.

Eine zusätzliche Bedingung: Das Thema musste etwas sein, was »den Leser wirklich interessiert«. Naja, das sagen wir so. Zwar gibt es »den Leser« nicht, und kein Journalist einer sogenannten Qualitätszeitung weiß auch nur ansatzweise, was die Leute »wirklich interessiert«, aber so reden sich Medienleute seit Urzeiten ihr Zeug schön.

Der ursprüngliche Name *tagesschau* war von einer neunköpfigen Findungskommission kontrovers diskutiert und dann mit Bedacht gewählt worden. So wie die Fernsehsendung *Die Tagesschau* in der ARD um 20 Uhr das »Wichtigste« aus Mainstreamnachrichtensicht verkündete, so würde die Seite-1-Rubrik *tagesschau* die wichtigste Absurdität des Tages auf den Punkt bringen. Das taten wir etwa drei Wochen, dann ließ der zuständige Sender NDR den Namen gerichtlich verbieten. Man fürchtete eine »mittelbare Verwechslungsgefahr« und eine »Verwässerung« der Marke. Ab April 2000 erhielt die Rubrik daher den vorläufigen Titel *verboten*, der bis heute beibehalten wurde. Auch wenn es jahrelang interne Versuche gab, den Namen *verboten* zu kippen. Was für ein blöder Name, was soll das überhaupt heißen, versteht kein Mensch, schon gar nicht der Leser, irgendwann ist es auch mal gut – was Journalisten so an Sachargumenten vorbringen, wenn ihnen persönlich was gegen den Strich geht.

verboten ist an einem guten Tag der schnellste und klarste Text der deutschen Presselandschaft. Eine spontane, auf den Punkt gebrachte Bestandsaufnahme der globalen Situation oder eines Teils davon. Diese Erweiterung der Weltsicht – und das ist essentiell – bricht sich in einer souveränen und überraschenden Pointe Bahn. *verboten* hat damit de facto den Tweet und die digitale Verdichtung von Texten vorweggenommen.

Irgendwann schrieb uns eine verständnislose Alt-Leserin, *verboten* solle doch ihrem Verständnis nach »die erste Zärtlichkeit des Tages« sein. Sei es aber nicht. Von da an firmierte *verboten* unter dem Label »erste Zärtlichkeit des Tages«. Was nun auch andere erboste, die fragten: Kann eine brutale Wahrheit, eine Zote, ein makabrer Scherz die »erste Zärtlichkeit des Tages« sein? Handelt es sich nicht vielmehr um eine Grausamkeit? Und ausgerechnet die, die sonst nicht genug kriegen konnten von Völkermord, Rassismus und Diskriminierung, fragten nun bang: Ist die Welt nicht schon grausam genug?

An manchen Tagen verbreiterte sich der Graben sogar noch und *verboten* kam besonders humorlos, kalt und rätselhaft daher. Dann war das langjährige *verboten*-Teammitglied Thilo Knott am Werk. Dann wurde die Absurdität der Welt eben grade nicht in einer Pointe ausgedrückt. »Anstelle einer Pointe stand bei Knott immer ein letzter Satz wie ein Fallbeil«, schrieb der langjährige *verboten*-Teamchef Arno Frank einmal in einer vielzitierten Laudatio. »TSCHACK und fertig. Es mochte stimmen, komisch war es nicht.« Es sei dabei indes nicht um »eine hippe Vermeidung der Pointe« gegangen, wie sie irgendwann in intelligenten Sitcoms praktiziert wurde. Aber worum dann? Die »Nichtwitze« blieben selbst dem scharfsinnigen Frank ein Rätsel.

Die Auflösung: Selbst ein Fallbeil kann am Nacken zärtlich gespürt werden. Wenn es von jemandem kommt, zu dem du ein absolutes Liebes- und Vertrauensverhältnis pflegst. Weil dieser Jemand – *verboten* – dich damit nicht quälen, sondern in den gemeinsamen Mantel der Wahrheit einhüllen will. Nicht die brutale Wahrheit streichelt und wärmt dich, sondern das Wissen um die Existenz des gemeinsamen Ertragens umhüllt sanft wie Hoelderlinsche Poesie. Darum geht es.

Wir hatten eine liebe Kollegin, an der man schön testen konnte, ob das Teil funktionierte. Seufzte sie morgens in der Redaktionssitzung: »Ach, *verboten* ist heute richtig schön«, dann wussten wir, dass wir komplett danebenlagen. No offense, solche negativen Bestätigungen sind wichtiger und wertvoller als positives Feedback. Das ist wie mit bestimmten Filmkritikern: Finden sie den Film miserabel, geht man sofort rein. Und umgekehrt. Seufzte also die Kollegin glücklich, hieß das, dass *verboten* nicht verboten gehörte, sondern harmlos war. Wir hatten demnach irgendwas Pseudosubversives hingekritzelt, schön von unten nach oben, was aber in Wahrheit die affirmativen Verhältnisse des schlechten Geschmacks (der ja guter Geschmack genannt wird) aufs Furchtbarste bestätigte. Auch das kam – leider – vor. »Schlechter Geschmack« ist bekanntlich ein Kampfbegriff, der gern von Leuten eingesetzt wird, die sich ihrer nicht sicher sind und Halt suchen.

Eine inoffizielle Kommission für politische Korrektheit und Gender Mainstreaming stellte zudem schnell fest, dass die Liste der *verboten*-Autoren nicht quotiert war und sowohl auf den ungeraden als auch geraden Listenplätzen Männer saßen. Das änderte sich im Lauf der Jahre. In der Anfangsphase gab es interessanterweise auch schlicht gescheiterte und abgebrochene Versuche, *verboten*-Autorin zu werden. »Es riecht nach Männerpisse«, hieß es morgens schon mal in der Konferenz; aus pädagogischen Gründen mit verächtlich daherkommen sollendem Schnüffeln vorgetragen. Man muss zugeben: Manchmal stimmte das auch. Von heute aus betrachtet habe ich den Eindruck, dass *verboten* von seiner Anlage her und speziell durch die publizistische Notwendigkeit einer gewissen Grundaggressivität und einer schnellen Pointe tendenziell eher eine männliche Rubrik ist.

Qualitätsanalytische Untersuchungen deuten indes darauf hin, dass *verbote*n eine Frau sein könnte. Allerdings behauptet *verboten* auch schwul zu sein (12. Juni 2001). Das Outing erfolgte unmittelbar nachdem *verboten* anfing, die Kanzlerkandidatur von Dr. Edmund Stoiber zu unterstützen. Dann verliebte sich *verboten* in den FDP-Politiker Jürgen Möllemann, wollte im August 2001 die *Bild*-Rubrik *Post von Wagner* heiraten und tat das auch. Die Scheidung erfolgte umgehend. 2006 kam *verboten* junior zur Welt – ein deutliches Indiz, dass *verboten* eine Frau sein könnte. Doch postwendend outete sich *verboten* als »zwölfköpfiges schwul-heterosexuelles Elternteam«. 2008 verkündete *verboten* dann: »Auch Schwule können böse sein.« Eine Selbstbezichtigung?

Solche und andere Erkenntnisse führten immer wieder dazu, dass Leute kamen und sagten: freie Presse hin oder her, aber *verboten* gehört verboten. Spätestens da war klar, dass es keinen besseren und keinen treffenderen Namen geben konnte. Weil: *verboten* konnte nicht verboten werden, denn es war ja schon *verboten*.

»Den Tag mit solchen peinlichen bis ekelhaften ›Verboten‹-Kläffereien anzufangen, ist wirklich nicht mein Ding. Dann lieber gleich die *Bild*«, hieß es gelegentlich in Leserbriefen, in denen oft mit Abo-Kündigung gedroht, sehr selten aber tatsächlich gekündigt wurde. Der *Bild*-Vergleich gehört übrigens zum Standardinstrumentarium des aufrecht-aufgeregten Linken. Passt ihm etwas nicht, vergleicht er es mit *Bild*. Im historischen Verständnis heißt das, dass man damit wie 1968 auf die Berliner Kochstraße – die heutige Rudi-Dutschke-Straße – zieht, um die Auslieferung von offenbar nicht der Weltrevolution dienenden Texten zu verhindern. Es gibt ja leider – das ist Marxsche Ironie – gerade unter gestandenen Linken auch eine Fraktion, die es mit dem Dialektischen nicht so hat. Den anderen anders sein lassen? Lieber nicht. Das könnte das einzig Wahre bedrohen. Interessanterweise gilt das »Lustige« in diesem Denken einerseits als minderwertig. Logisch: Es muss abgewertet werden, um bleierne Ernsthaftigkeit aufzuwerten. Andererseits ahnt man doch –

noch dazu, wenn man den Film *Der Name der Rose* gesehen hat –, dass der Scherz seit Aristoteles als Mittel der Subversion eingesetzt wird, um den Menschen wahre Aufklärung und Freiheit zu bringen, und dass er sie aus den Fängen der Ideologen befreien kann. Spätestens da hört der Spaß auf, der daher am besten gar nicht anfangen darf. Das Ganze wird selbstverständlich diskursiv verkleidet, aber im Kern läuft es auf einen Impuls hinaus: Das muss weg!

verboten ist im Kern sicher weder dogmatisch noch undogmatisch, denn wer den Begriff »undogmatisch« verwendet, kann eh gleich nach Hause gehen. Aber womöglich ist ja etwas dran am schlimmen Verdacht, dass *verboten* ökolibertär sein könnte, jenseits von Sozialismus und doch anschlussfähig, stark geprägt von der Idee eines ökologischen Humanismus, vor allem aber sich an eine aufmüpfige Bürgergesellschaft wendend und im Grunde geleitet von der Leichenrede des Perikles im Peloponnesischen Krieg: »Ein stiller Bürger ist kein guter Bürger.«

Weil *verboten* es zudem mit Kant hält und seinem Diktum, dass man einander keine Verfassung aufzwingen könne, war es immer bestrebt, gerade den Menschen beizustehen, die *verboten* weghaben und also totmachen wollten. Weil das ja letztlich ausdrückt, dass es ihnen nicht gegeben ist, mit Selbstironie ihr eigenes Leben zu erleuchten und damit auch erst sozial und emphatisch agieren zu können. Vielleicht, man kann es nur hoffen, hat *verboten* ja die eine oder andere Seele im Lauf der Jahre den Teufeln der krankhaften Über-Ich-Moral und des permanenten Neid-in-Moral-Umdefinierens entreißen können.

Denn genau dafür wurde *verboten* ja gegründet. Unter anderem.

Doch wie die Reaktionen bis heute bestätigen, ist in dieser Sache selbst *verboten* an seinen Grenzen.

Warum, so hat mich ein junger Freund unlängst gefragt, warum hat *verboten* nicht wie Sokrates tapfer den Schierlingsbecher genommen, den man ihm immer wieder gereicht hat? Weil, junger Freund, zunächst die Frage zu klären ist, wer der Richter ist und wer der Richter sein darf. Ist nicht in Wahrheit *verboten* der rechtmäßige Richter – und verteilt selbst ständig Schierlingsbecher, die auch keiner trinkt? Und wenn, junger Freund, *verboten* eines Tages den Schierlingsbecher leert, dann nicht aus Verzweiflung, sondern weil alles gut ist. Das aber, junger Freund, würde bedeuten, dass keine verbissenen Leute mehr daherkommen und *verboten* den Schierlingsbecher reichen. Wann das sein wird, fragst du, junger Freund? Tja.

Mittlerweile haben ja viele Zeitungen so ein Ding auf ihrer Seite 1, das der »Auflockerung« dienen soll. Da soll dann nach Auffassung der Nachrichtenredakteure etwas »Leichteres« rein. Was das genau sein könnte, wissen viele Nachrichtenredakteure nicht annähernd, denn damit haben sie es nicht so. Aber was sie zu wissen glauben: dass das ja wohl neuerdings nachgefragt wird. Leider. Da rufen sie dann nachmittags Kollegen an, die sie für Komiker halten, und sagen: »Was schreibt ihr denn heute in das Ding rein? War da nicht was mit Fußball oder gibt es da nicht so einen abstrusen Vogel namens Bohlen? Im Ticker steht, dass ein Mann seit fünf Monaten eine Erektion hat und sie nicht mehr loswird. Das ist doch was.« Hihihi.

Jetzt ist guter Rat teuer. Was tun? Schreibt man es nicht rein, sind die Nachrichtenredakteure sauer, weil ihr Humor und ihr Spürsinn mal wieder ignoriert werden. Wer würde das riskieren? Eben. Und entsprechend kommen die Dinger in diesen ganzen Zeitungen dann auch daher. *verboten* hat um den Humor von Nachrichtenredakteuren immer einen großen Bogen gemacht. Machen müssen. Den größtmöglichen. Weil: Wenn ein Nachrichtenredakteur verschmitzt lächelt (die lächeln wirklich verschmitzt), dann musst du fliehen. Sonst wird es furchtbar. Sicher: Das war menschlich manchmal hart. Fast schon unmenschlich. Aber es musste einfach sein, um der höheren Sache gerecht werden zu können. (Außer sonntags. Da arbeitet selbstverständlich keiner vom *verboten*-Team. Dann schreiben die Nachrichtenredakteure kichernd etwas ins *verboten* rein. Aber das ist nicht so schlimm, weil die meisten *taz*-Leser denken: Ich verstehe es zwar nicht, aber die schlaue *taz* wird sich schon was dabei gedacht haben.)

verboten zieht einen Teil seiner Kraft aus einer elitären Skepsis gegenüber Nachrichten- und Meinungsjournalismus und seinen 08/15-Kommentaren. Es will das zum Journalismus gehörende Getue vermeiden und die konventionelle Leblosigkeit dieses »Bleibt-zu-hoffen«-Genres unterwandern.

Für mich persönlich ist *verboten* immer auch eine sprachliche Alternative gewesen. Speziell zur Kommentarsprache mit ihren furchtbaren Metaphern wie »Das Tischtuch ist zerschnitten« oder »Die Würfel sind gefallen«, mit ihren banalen Einstiegssätzen wie »Nun ist es passiert«, »Es kam, wie es kommen musste«, »Nun also doch«, blablabla. Und damit der Schein der Seriosität erweckt wird, muss man alle drei Sätze ein »Gewiss« einstreuen: »Gewiss, die Kanzlerin hat …«, »Gewiss, die Gründung der Grünen war eine Zäsur«. Im Grunde geht es bei *verboten* auch darum, diesen Meinungs- und Gestenhabitus zu kontrastieren und damit zu beleben. Den Leitartiklern zuzuflüstern: Leute, das kann es doch noch nicht sein, es geht bestimmt auch anders und besser. Wenn bei *verboten* einer ein Tischtuch zerschneiden wollte, dann zerschnitten wir ihm sein Hemd. Und bevor einer den Rubikon überschritt, ersäuften wir ihn in demselben. Das war gelebte Unternehmenskultur, die nirgends schriftlich festgehalten zu werden brauchte, weil das eh klar war.

Gegen die auktorialen Welterklärer und Besserwisser, die vom Meinungshügel hinterher alles besser wissen, aber in Wahrheit nicht mal einen sauberen Satz hinbekommen, stellt *verboten* das Risiko des Im-Jetzt-Lebens.

verboten entsteht aus dem Tag für den nächsten Morgen. Auf Zuruf, fünfzehn Minuten vor Redaktionsschluss, weil wieder mal alle was anderes zu tun haben – und einer übrigbleibt. Dadurch ist *verboten* immer an der Kante, immer in Gefahr zu scheitern, auf etwas Erbärmliches hinauszulaufen oder gar auf nichts – aber genau dadurch ist es nicht artifiziell, sondern getrieben von der Verzweiflung, ohne Idee auf den Abgrund zuzurasen und vom unerbittlichen Produktionschef Kai innert Sekunden von der lebendigen Redaktionsebene auf die tote Produktionsebene geschleudert zu werden – mitten im Satz und ohne Punkt und Pointe, weil das ist dem Kai »scheißegal«, wenn sonst die Produktion der Zeitung in der Druckerei abstürzt.

Genau dadurch aber und wenn man auf die Sekunde richtig anrief und sagte: »Kai, du hast das *verboten*«, obwohl er es noch gar nicht hatte, so jedoch die nötigen dreißig Sekunden herausgeschunden wurden, genau dadurch kann es auch grandios gelingen. So ist *verboten* wie ein Tag. Er kann mühsam sein und im Scheitern enden, aber auch strahlen wie ein Kometenschwanz oder ein Kojotenschwanz oder was es da für Metaphern gibt.

»Aber«, ruft Stefan Kuzmany, »*verboten* braucht immer eine Punchline. *verboten* ist immer nur so gut wie seine Punchline.« Stimmt. Es geht immer um das Streben nach der idealen Verbindung von Erkenntnis und souveräner Pointe.

Gleichzeitig aber hält eine literarische Ironie *verboten* in der Schwebe. Das ist nicht Feigheit, Indifferenz, Freudsche Technik oder Affirmation der Verhältnisse, sondern markiert die Komplexität der Gegenwart. Man kann nicht eine Position beziehen, ohne sie gleichzeitig zu hinterfragen.

verboten locutus, causa finita – *verboten* hat gesprochen, damit ist der Fall erledigt? Nein. Es ist anders herum: *verboten* hat gesprochen, und dann geht es erst richtig los. Und zwar mit einem Lachen oder einem Lächeln. Und dadurch ändert sich die Welt.

3 Brutal gerügt. *verboten* und der Presserat

Von Michael Ringel

Im Sommer des Jahres 2003 strahlte der Kulturkanal Arte eine Reportage über die *taz* aus. Dass bei den Filmemachern viel guter Wille eine Rolle spielte, zeigte sich bereits im deutschen Titel »Die Unsterbliche«. Zumindest gut gespielt war auch eine Szene, die sonst in der Realität nie stattgefunden hätte und eigens für den Dreh inszeniert wurde: eine *verboten*-Konferenz. Selbst in der Frühphase von *verboten* gab es nie Themenfindungskonferenzen der Redakteure. Am Anfang existierte lediglich eine Liste, auf der festgehalten war, wer an welchem Tag das *verboten* schreiben sollte, und selbstverständlich wurde die Liste schon nach einer Woche über den Haufen geworfen. Meist war es so, dass irgendjemand zwanzig Minuten vor Redaktionsschluss bemerkte, dass das *verboten* wieder einmal vergessen worden war, und nun wurden dringend ein Thema und vor allem ein Autor gesucht. Im schlimmsten Fall, beispielsweise im Sommer während der Urlaubszeit, musste man dann schon mal eine Woche lang sechs *verboten* hintereinander schreiben.

Im Fernsehen sah das ganz anders aus. Da trafen sich die Redakteure Thilo Knott, Stefan Kuzmany und Michael Ringel zu einem »*verboten*-Brainstorming«, wie die eingeblendeten Untertitel verrieten. Die drei Journalisten witzelten über einen schwergewichtigen Politiker, der gerade als erster Grüner deutscher Außenminister war und damit liebäugelte, erster Außenminister der Europäischen Union zu werden. Heraus kam dann eine *verboten*-Serie, in der Joseph Fischer mit speckruhiger Hand höchstpersönlich sämtliche Probleme der Welt löste: »Joschkas United Nations.«

Der Grüne Joschka Fischer war eine jener typischen Figuren, mit denen sich *verboten* gern auseinandersetzte – genau wie der bayerische Ministerpräsident Edmund Stoiber, der ganz im Sinne des ebenso technikverliebten wie volkstümlichen CSU-Mottos »Laptop und Lederhose« als »Doktor @mund Stoiber« oder kurz »Dr. @« verspottet wurde. Eines Tages musste dann wieder einmal zwanzig Minuten vor Redaktionsschluss ein *verboten* zusammengeklöppelt werden. Da niemand anders zur Verfügung stand, musste der Autor dieser Zeilen herhalten. Er ging schulmäßig nach der bewährten Methode vor und sah in die Nachrichtenticker, ob einer der Hauptdarsteller von *verboten* irgendeinen Unfug in irgendein Mikrofon hineingesprochen hatte. Und tatsächlich hatte Stoiber an diesem Tag von München aus einen wichtigen Beitrag zur Einwanderungsdebatte beigesteuert, die gerade in Berlin geführt wurde. Daraus entstand dann dieses *verboten*:

VERBOTEN

**Guten Tag,
Doktor @mund Stoiber!**

Wie gut, dass es Sie gibt. Sonst würde an unseren Grenzen so manches Unrecht begangen: »Stoiber warnt vor Schnellschuss bei Einwanderung«, meldete die Nachrichtenagentur AP gestern. Erst mal reinlassen und prüfen, wen man braucht. Dann die anderen schön langsam totmachen. Bloß keinen Schnellschuss Munition vergeuden. Da haben Sie, Doktor @mund Stoiber, völlig Recht. Noch besser wäre es, sie würden sich persönlich in Breeches und Schaftstiefeln an die Rampe stellen und die »durchrasste Gesellschaft« verhindern. Wie bitte, Doktor @mund Stoiber? Das hätten Sie wörtlich gar nicht gesagt. Die Agentur habe Ihre Worte unzulässig wiedergegeben? Und ***verboten*** würde Ihnen mit dieser Interpretation bitteres Unrecht zufügen?

Doktor Stoiber! Sie reden doch sonst wie ein Herrenmensch!

Dass Stoiber durch dieses *verboten* »bitteres Unrecht« zugefügt worden sei, meinte daraufhin ein Leser, der den Text für »ehrverletzend« hielt und *verboten* beim Deutschen Presserat denunzierte, weil Stoiber »offensichtlich mit den Selektoren an der Rampe von Auschwitz gleichgestellt« werde. Das sei seiner Meinung nach »unanständig und einer Demokratie unwürdig«. Schließlich fragte der Leser, ob dieser Stil »durch die Pressefreiheit und das Recht auf freie Meinungsäußerung abgedeckt« sei.

In einer Stellungnahme für den Presserat sprang die *taz*-Chefredaktion *verboten* zur Seite und führte zur Verteidigung an, dass der Beitrag deutlich erkennbar eine Glosse sei. Und einer Glosse sei eigen, dass sie Kritik mit den Stilmitteln der Ironie und Satire übe. *verboten* habe hinlänglich bekannte Aussagen von Stoiber zum Thema »Zuwanderung« zum Anlass für eine Glossierung seines Sprachduktus genommen. Stoiber sei bei dem Thema »Asylfrage« nicht vorurteilsfrei und in seiner Wortwahl wenig zimperlich. Bei Gelegenheit habe er unter anderem auch schon von einer »durchrassten Gesellschaft« gesprochen. Die vorliegende Glosse übertreibe in durchaus zulässiger Weise Stoibers Sprachgebrauch und rücke ihn ironisch in die Nähe offenbar historischer Vorbilder, ohne ihn mit diesen gleichzusetzen. Die Glosse verstoße daher nicht gegen den Pressekodex und sei durch das Recht auf freie Meinungsäußerung abgedeckt.

So weit, so schlüssig und logisch erklärt. Nicht jedoch für den Presserat, der Ziffer 9 des Pressekodex zitierte, wo es heißt, dass es journalistischem Anstand widerspricht, unbegründete Behauptungen und Beschuldigungen, insbesondere ehrverletzender Natur, zu veröffentlichen. Der Presserat sah die Ehre des bayerischen Ministerpräsidenten Edmund Stoiber verletzt, da ihn die Kritik an der CSU-Einwanderungspolitik durch den Hinweis auf Breeches, Schaftstiefel und die Selektionsrampe in unmittelbare Nähe des organisierten Massenmordes im Dritten Reich rückte. Nach Meinung des entscheidenden Gremiums ging dies zu weit. Auch Satire habe ihre Grenzen, und zwar dort, wo Personen in ihrer Ehre verletzt werden. Der Presserat erteilte *verboten* und der *taz* deshalb eine öffentliche Rüge.

Muss man sich dafür nun schämen? Oder darf man sogar ein wenig stolz sein auf diese Rüge? Wenn man schon wählen darf, dann ist *verboten* lieber stolz, wird man doch als winzige Glosse einer kleinen Tageszeitung immerhin so ernst genommen, dass eine höhere Instanz der deutschen Publizistik mit erhobenem Zeigefinger mahnt: »Du, du, du!«

Allerdings kann man, mit einem gewissen zeitlichen Abstand betrachtet, heute der Argumentation des Presserates wenigstens teilweise folgen, aber nicht weil *verboten* und seine Autoren in der Causa Stoiber mittlerweile anders denken, sondern weil man bei Dr. @ eine gewisse Altersmilde walten lassen würde. Denn schon bald nach der »durchrassten Phase« setzte bei Stoiber die Gaga-Ära ein, in der er ständig von Flughäfen und Bahnhöfen lallte und ähte. Doktor @mund Stoiber hat *verboten* damit auch eine Menge Spaß bereitet, so dass er zu einer jener liebgewonnenen Figuren wurde, denen man heutzutage nicht mehr mit aller eigentlich gebotenen Strenge entgegentreten wollte.

Es hat sich außerdem insgesamt etwas verändert im politischen Geschehen, der Fokus verlagerte sich weg vom provinziellen Charakter eines Bayernfürsten hin zu globalen Ereignissen. Das konnte der Autor einen Tag zuvor beim Schreiben selbstverständlich nicht wissen, aber das später gerügte *verboten* erschien an einem historischen Datum: am 11. September 2001.

4 »Sag mal, hast du die Pointe verstanden?« Wie der Schauspieler Dietmar Bär einmal *verboten* kaufte

Interview: Peter Unfried

Im Jahr 2008 kam mal wieder der übliche Leserbrief, in dem es hieß: Hört doch mal mit dem selbstverliebten *verboten*-Namen auf. Das kapiert doch keiner, warum *verboten* verboten heißt. Thilo Knott startete daraufhin die Aktion: »*verboten* umbenennen – und dafür bezahlen«. 1 600 Euro kamen zusammen – die dann aber der *taz*-Controller Thomas Purps konfiszierte. Auch Dietmar Bär schickte einen Umschlag mit zehn Euro.

Lieber Dietmar Bär, Sie haben verboten *gekauft und in »Jens Lehmann« umbenannt. Das war der damalige Fußballnationaltorwart. Warum?*
Dietmar Bär: Vielleicht sollte ich zunächst sagen, dass ich früher Torwart war und deshalb in der Fußballbetrachtung immer torwartfixiert gewesen bin. In der Liga und auch in der Nationalmannschaft. Und Lehmann hat ja lange bei uns gespielt.

Bei Borussia Dortmund, Ihrem Heimat- und Lieblingsklub.
Richtig. Und er hatte es auch dort nicht leicht. Ich habe erlebt, wie lange es gedauert hat, bis Lehmann in Dortmund von der Südtribüne akzeptiert wurde. Unvergessen. Erst als er uns ein Uefa-Cup-Spiel kurz vor Weihnachten 1999 im Elfmeterschießen gerettet hat, feierten sie ihn zum ersten Mal. Davor hatte es geheißen: Unten drunter trägt der Lehmann immer noch das

blaue Schalke-Trikot. Er hatte ja ursprünglich für Schalke gespielt.

Aus Dortmunder Sicht also für den Feind.
Aber ich habe immer auf ihn gestanden. Und 2008 gab es dann republikweit so eine Anti-Lehmann-Haltung, die mir bitter und sauer aufstieß. Richtig sauer. Weil er mit 38 bei seinem damaligen Klub Arsenal auf der Bank saß, ging die Diskussion los, ob er noch der Richtige sei für die EM. Ich hatte das Gefühl, einige nutzten die Situation aus, um wegen 2006 nochmal nachzutarocken.

Als Lehmann vor der WM Oliver Kahn im deutschen Tor abgelöst hatte.
Lehmanns Fehler und Ausraster waren immer schon mit anderem Maß ausgeleuchtet worden als die vom großen Titan und Bayern-Keeper Kahn. Das ist mir auch schon immer sauer aufgestoßen, als er noch in Dortmund war. Für mich war Jens Lehmann immer der coole Torwart, der moderne Torwart, der dann auch ins Ausland ging, aber aus seiner Unterdrückung erst in der Ära Klinsmann herauskam, als der den Augiasstall beim DFB ausgemistet, die Eiterblase aufgestochen und dann auch Sepp Maier abserviert hat, den ich als Torhüter sehr verehrt habe.

Was hat der Maier-Sepp mit verboten *zu tun?*
Ja, warten Sie: Wie lange musste Lehmann mit seinem Naturell aushalten, dass er die Nummer 2 eines Bundestorwarttrainers war, der gleichzeitig der Bayern-Torwarttrainer war. Und damit der von Kahn? Was muss das für ein Leben gewesen sein? Und dies alles wollte ich honoriert sehen, als ich das *verboten* in »Jens Lehmann« umbenannte.

Wie nahmen Sie es denn überhaupt presserechtlich-moralisch auf, dass verboten *sich verkaufte – für zehn Euro?*
Ich dachte sofort, dass der Verkauf der Humorlinie von *verboten* folgt. Dass so was möglich war: Polemik auf der Titelseite, bestimmte Themen, manchmal die Sprengkraft von *Titanic*.

Ist dieser Vergleich positiv gemeint?
Sehr positiv. Ich kann mir vorstellen, dass *verboten* auch schon öfter der Geschmacklosigkeit bezichtigt wurde …

… gut geraten …
… aber ich fand es schon immer klasse. Es kann halt immer so eine kleine Tagesgranate sein.

Das ist die Hoffnung?
Ja, das ist die Hoffnung, und das passiert ja auch oft genug. *verboten* ist der kleine Crasher. Mit tagespolitischem Bezug. Und du brauchst nicht so viel Zeit, wie um das *Streiflicht* zu verarbeiten.

Sie sind demnach regelmäßiger verboten*-Leser.*
Du kommst ja als Abonnent nicht dran vorbei, wenn du die erste Seite regelmäßig anschaust. Ich mache das, dann kommt als nächstes das Touché. Und dann der Ärger, wenn das Berliner Kinoprogramm nicht drin ist oder eine Spalte fehlt.

Ärgern Sie sich auch über ein schlechtes verboten*?*
Schlecht kann ich nicht sagen. Es ist nur …

Ja?
Manchmal versteht man es nicht. Dann muss man vielleicht jemanden anrufen und fragen: »Sag mal, hast du die Pointe verstanden?« Das passiert aber eher, wenn man mal nicht im tages-

aktuellen Geschehen drin ist. Ansonsten entspricht das meinem Humorverständnis. Außerdem gibt es ja hin und wieder auch mal einen nicht so tollen *Tatort*. Warum soll das bei *verboten* anders sein?

Vermissen Sie politische Korrektheit?
Im Gegenteil. Das ist für mich wichtig, dass so eine PC-freie Zone möglich ist. Damit hat der Humor im linken Journalismus eine neue Plattform bekommen, die er früher nicht hatte. Es ist generell ein Fortschritt, dass man aus so einer gewissen Freies-Wendland-Humorlosigkeit rausgekommen ist. Der Humor gehört in so einen linken Journalismus.

Ich dachte, Sie seien aus dem klassisch-linken Hardcore-Spektrum? Da sind nicht nur Humoristen draus hervorgegangen.
Was ist denn ein klassischer Linker? Ich habe die *Titanic* vom ersten Tag an geliebt. Gut, ich merke schon am Leserbriefspiegel der *taz*, dass man mit diesem Humor nicht immer einverstanden ist. Aber Humor ist einfach ein ganz wichtiges Ventil. Denken Sie an George Taboris Farce *Mein Kampf*.

Was hat verboten, *was andere nicht haben?*
verboten hat etwas Anarchisches. Es ist und kann schmerzfreier sein als andere journalistische Formate. Böseste Tagessatire. Ich ertappe mich oft dabei, dass ich denke: Ja. Genau.

Zur Person
Dietmar Bär, geboren 1961 in Dortmund, Schauspieler. Seit 1997 ist er – ohne Unterbrechung – ARD-Tatort-Kommissar Freddy Schenk. Und seit Mitte der Achtziger – mit Unterbrechungen – *taz*-Abonnent.

5 Das Gender-Dilemma. *verboten* aus weiblicher Sicht

Von Daniela Zinser

Was bin ich? Schwer zu sagen. Das *verboten* legt sich da nicht fest. Es ist mal homo, mal hetero, mal bi. Es wirft sich mal diesem, mal jener um den Hals und drückt gerne ein bisschen fester zu. Ist es ein Mann? Nun ja, es macht gerne mal den Dicken, lässt die Muskeln spielen und hat nichts gegen einen ehrlichen Schwanzvergleich. Es ist für klare Ansage und Anrede, Arschloch. Und es schont nichts und niemanden.

Aber manchmal, da ist *verboten* auch ganz zart. Da streckt es seine Ärmchen aus und möchte einfach nur liebgehabt werden. Da wird verboten zur *verbotin*, die ach so leidet an der Welt, die Frieden möchte, Gerechtigkeit und ein bisschen Wärme für alle Menschen, die da wohnen. Egal wo. Da hat sie den Zynismus satt und flüchtet sich ins Königshaus und zu Heidi Klum. Dorthin, wo das Herz am rechten Fleck ist und schlägt für das Gute, Wahre und Schöne.

Der harte Mann, die weiche Frau – das sind Ihnen zu viele Geschlechterklischees? Na, willkommen in der verbotenen Welt der *verboten*-Autorin. Denn so eine Glosse und eine Frau, die sie schreibt – das geht doch nicht. Denken zumindest überraschend viele Leser und Kollegen. Dabei hat die Männerrunde der schönsten Seite-1-Kolumne Deutschlands gar nichts gegen weiblichen Zuwachs. Von gläserner Decke keine Spur. Das Mann-Frau-Verhältnis liegt trotzdem, grob gerechnet, seit Jahren bei 6:1.

verboten macht sexistisch. Denn für die Pointe, da kann man schon mal sich und seine biologische Zuordnung vergessen und draufhauen, auf Kaffee-mit-Milch-Mütter, auf Topmodel-Dominas, auf abstoßend erfolgreiche Frauen, auf die Kanzlerin – und sogar auf Helmut Schmidt. Dabei geht das gar nicht! Der hochverehrte Bundeskanzler a. D., sein Alter, sein Zustand, sein Geist, all das ist zu hegen, zu ehren und zu pflegen. Doch gerade von einer Frau. Meinen zumindest empörte Leserbriefschreiber.

Macht eine Frau *verboten* weiblicher? Wohl kaum. Gut, sie kann der Zeit um 1945 vielleicht generell weniger abgewinnen, sie scheut das Draufhauen auf Minderheiten aller Art und sie ist bei deutlichen Worten wohl etwas empfindlicher. Florett statt Fallbeil, aber genauso scharf. Denn wenn man Dinge so zerteilt, offenlegt, kann man manches erst verstehen – und sehen. Für diese Erkenntnisse kann die Schmerzgrenze erstaunlich hoch liegen, findet *verbotin*.

In Redaktionskonferenzen wird einem dafür schon mal das Frausein abgesprochen. Denn ein solches *verboten* – es ging um Mütter, Rudel, Zickenkrieg – das sei doch wieder typisch für diese Männerclique, für die coolen Jungs, denen für einen plumpen Gag nichts zu schade ist und endlich, endlich müsse da mal was Weibliches ran und diese Machofront durchbrechen. *verbotin* hob den Arm und sprach: »Ich war's.« Denn wäre Frauen zu schonen nicht das Sexistischste?

Darum: Leute, seht es ein, auch eine Frau kann böse sein.

Und jetzt fünf Euro ins Phrasenschwein.

6 Brief an eine Lady. *verboten* aus männlicher Sicht

Von Daniel Schulz

Liebes *verboten*,

mir fällt keine andere Begrüßung ein. »Hallo« ist nach so vielen Jahren lächerlich unpersönlich und »Sehr geehrtes« passt einfach nicht zu jemandem, der so derart am Grund aller Dinge zu Hause ist wie Du.

Liebe, lass mich das mal klarstellen, ist es jedenfalls nicht zwischen uns. Wir spazierten nie zusammen in Mondes Schein, nie ergingen wir uns stundenlang im zärtlichen Gespräch und niemals – allein schon bei dem Gedanken muss ich lachen – berührten sich unsere Seelen. Hast Du überhaupt eine?

Ich kann mich nicht mal an Dein Gesicht erinnern. Haare am Arsch? Lange Beine oder kurze? In meinem Kopf bist Du nur Gast, ein Schemen, der ab und an ein Zimmer im Stundenhotel bucht. Obwohl, eine Stunde dauert das Ganze ja nicht mal. Fünf Minuten, an guten Tagen vielleicht zwanzig. Mich ereilt ein Anruf, und dann heißt es Ficken auf Kommando. Meistens hab ich kaum die Hose unten, da blafft schon einer Deiner grauhaarigen, verwitterten Zuhälter durch den Hörer, man möge endlich fertig werden. Vom Recht auf Zärtlichkeit und Entfaltung des Ich, ja vom neuen Mann, hast Du noch nichts gehört und wenn doch, dann hältst Du ihn für einen wollenen, weichen Wurm, der zertreten werden muss, einen milchbärtigen Molch, der bis aufs Blut rasiert gehört.

Was ist es also, was uns verbindet? Eine Affäre? Wie nennt man regelmäßigen beschissenen Sex auf Ansage? Und jetzt sag nicht, er sei doch gar nicht sooooo mies, oder sogar gut. Weißt Du, woran ich zuletzt dabei denken musste? Die FDP, Brigitte Nielsen und wieder die FDP. Zwischendrin, ich erinnere mich zum Glück kaum noch, waren da noch die Bushs – der alte und der noch ältere –, die Finanzkrise, dazu gehörend eine Unzahl deerotisierender Finanz- und Politkader, Erdbeben und die Hackfressen der deutschen Fernsehunterhaltung. Hatte ich die FDP schon erwähnt?

Ich sag Dir eins, der Sex ist nicht nur mies, er ist so mies, dass ich davon nur als »es« spreche, als »nun bin ich ›damit‹ wieder dran«, als »ach, ›das‹ muss ich ja auch noch machen«.

Und dann bin ich nicht mal der Einzige. Wie viele es auch immer sein mögen, die dich mal da, mal dort zureiten, ich hab aufgehört zu zählen. Immerhin dürfen bei Dir auch Frauen ran, aber auch da weiß ich nicht, ob das Aufgeschlossenheit ist oder einfach Deine Unfähigkeit, wählerisch zu sein.

Im schlimmsten Fall springt man zu Dir in die Kiste, will bloß schnell das Programm abspulen, und dann hat sich irgendwer was ausgedacht, als er gestern bei Dir war, und das willst Du dann heute auch. Das ist so, als müsste man nicht nur mit Dir vögeln, sondern bekäme dabei auch noch Regieanweisungen von einem unbekannten Dritten.

Apropos Regie. Porno. Das ist es, was es ist. Schlechter regelmäßiger Sex, oft fremdbestimmt, vor Publikum. Das übrigens nur Dich sieht, mich nie. Für sie bin ich ein gesichtsloser Schwanz, ein Dildo, mit dem Du Deinen Spaß hast. Aber weißt Du was, das ist mir egal. Solange eben dieses Publikum ab und an einen Orgasmus hat, wenn es uns zuschaut, dann kommt ein wenig davon auch zu mir zurück. Und zu Dir hoffentlich auch.

Wir sehen uns,
Daniel

7 Schluck Heil!
Wie Hitler *verboten* eroberte

Von Deniz Yücel

Es gibt Tage, an denen ist *verboten* ein kleines Kunstwerk. Eines, das das politische Geschehen durchdringt, die Absurdität der Verhältnisse aufzeigt und die Herrschenden ebenso der Lächerlichkeit preisgibt wie jene, die gerne herrschen würden; ein Kunstwerk aber, das bei allem aufklärerischen Anspruch nicht so tut, als besäße es die absolute Wahrheit, das jedoch umso formschöner daherkommt. Ein dem Handgemenge der Aktualität entwachsenes Kleinod, dessen Klugheit und Schönheit über den Tag hinaus von Bestand sind.

Aus Umfragen ist bekannt, dass *verboten* als beliebtester Einstieg in die *taz*-Lektüre allenfalls vom TOM-Comic übertroffen wird. Schon darum kann dieser Rubrik gar nicht genug der liebevollen und akribischen intellektuellen Hinwendung zuteilwerden. Mal übernimmt ein Teammitglied diese Aufgabe, mal ist der Schaffensprozess ein kollektiver, und oft kommt beides zusammen: die Idee des Einzelnen und die gemeinsame Arbeit an ihrer Vollendung.

Ja, so ist das. Hin und wieder.

Genauso häufig aber ist folgender Ablauf: Niemand hat eine Idee, niemand hat Zeit oder Lust, und kurz vor Redaktionsschluss nimmt sich jemand »Scheiße« murmelnd der Sache an. Oder der Chef vom Dienst brüllt: »Ich brauch noch 'n *verboten*!« Und manchmal zeigt sich dann große Kunst nicht nur in der kleinen Form, sondern auch in der knappen Zeit, und innerhalb weniger Minuten entsteht ein Text, der sich liest, als hätte jemand stundenlang über jeden einzelnen Satz nachgedacht.

Manchmal.

Manchmal aber bleibt das *verboten* nicht aus trivialen Gründen unbearbeitet – dann, wenn *verboten* kein eigenes Programm verfolgt, die Nachrichtenlage aber nichts hergibt, zu dem nicht schon alles gesagt wurde oder das es wert wäre, im *verboten* kommentiert zu werden. Ehrlicherweise müsste man an solchen Tagen eingestehen: »Heute kein *verboten*« – wie man an solchen Tagen sagen müsste: »Heute keine Zeitung«. Denn das ist die Illusion, der Journalisten ständig erliegen und die sie an ihre Leser weitergeben: die Illusion, das Weltgeschehen ließe sich stets auf dieselbe vorgegebene Anzahl von Seiten pressen, exakt aufgeschlüsselt in die Gebiete Politik, Kultur, Sport etc. und portioniert in viele kleine Themen, ein paar große und ein ganz großes Thema – obwohl jedes Kind weiß, dass man an manchen Tagen hunderte Seiten füllen müsste und an anderen keine einzige vonnöten wäre.

Der 17. Mai 2011 war einer dieser Tage, an denen die *taz* locker mit ein paar Seiten weniger ausgekommen wäre. Eine Viertelstunde vor Redaktionsschluss bemerkten mein damaliger Kollege Thilo Knott und ich: »Scheiße, das *verboten* fehlt!« Sofort begannen wir, hastig die Agenturmeldungen zu durchforsten.

Noch fünfzehn Minuten. Kein Thema. Zwölf Minuten. Das hier? Hatten wir schon. Zehn Minuten. Oder das? Fällt uns dazu was ein? Dann weiter. Acht Minuten. Immer noch nichts. Sechs Minuten. Da: ein Bericht der Bundesdrogenbeauftragten! Nehmen wir! Aber weiterhin keine Idee, was wir daraus machen. Noch vier Minuten. Was tun? Irgendwas runterkritzeln. Écriture automatique. Bewährte Dramaturgie. Eingeübte Gags. Was wir von Großmeistern des deutschen Journalismus gelernt haben:

Wenn nichts mehr geht, gehen Titten und Führer. In der *taz* aber gehen Titten nicht so einfach. Also Nazi. Okay. Fertig. Und so las sich das Ergebnis:

VERBOTEN

**Guten Tag,
meine Damen und Herren!**

Gestern gab es den Jahresbericht der Drogen-Gestapo. Die Drogen-Gestapo-Beauftragte Mechthild Dyckmans (FDP) teilte mit: Im letzten Jahr tranken 13 Prozent der 12- bis 17-Jährigen mindestens einmal in der Woche Alkohol. 2004 waren es noch 21 Prozent. Was die Drogen-Gestapo freute. Ebenfalls 13 Prozent der Jugendlichen in diesem Alter rauchen, 2001 waren es noch 23 Prozent. Auch das freute die Drogen-Gestapo. 5 Prozent der Jugendlichen gaben an, in den letzten zwölf Monaten Cannabis konsumiert zu haben. 2004 waren es noch 10 Prozent. Die Drogen-Gestapo freute sich erneut. *verboten* begrüßt diesen Trend:

Schluck Heil!

Der Witz war schlecht. Und der Nazivergleich nicht dazu geeignet, durch eine polemische Überspitzung einen bestimmten Sachverhalt aufzuzeigen, sondern sinnlos und albern. Wir waren uns dessen sofort bewusst. Und wir schämten uns. Warum auch immer ließen wir die Möglichkeit verstreichen, für die zweite Druckauflage dem größten Teil der Leserinnen und Leser diesen Unfall zu ersparen.

Am nächsten Tag hagelte es in einer selbst für *verboten*-Verhältnisse ungewöhnlichen Menge verärgerte Leserbriefe. Die einen warfen uns einen unzulässigen Nazivergleich vor, die anderen eine unzulässige Verhöhnung des Drogenproblems. Aber alle waren sich einig: Das war nix. Ähnliches hörten wir auf der Redaktionskonferenz – und nicht nur von solchen Kollegen, denen die Rubrik grundsätzlich verdächtig ist und die auch sonst der Meinung sind, links ist dort, wo der Staat ist und wo es nichts zu lachen gibt. Auch erklärte Fans und ehemalige *verboten*-Kollegen straften uns mit vernichtenden Urteilen (»Ihr Deppen!«).

Hätte niemand gemeckert, wir wären froh gewesen, die Sache schleunigst zu vergessen. Doch dafür war es zu viel der Kritik. Denn ein typischer Leserirrtum lautet: Wenn wir laut genug protestieren, können wir die Redaktion dazu bringen, von einem bestimmten Tun abzulassen. Doch richtig ist das Gegenteil. So opportunistisch sich Journalisten oft verhalten, sie werden patzig, sobald sie den Eindruck bekommen, dass jemand ihre Arbeit zu beeinflussen versucht. Nie geht es dann um eine konkrete Sache, immer geht es ums Prinzip, um die Autonomie der Redaktion, die Pressefreiheit – darunter machen wir es nicht.

So mussten nun Thilo Knott und ich Unbeugsamkeit demonstrieren und suchten tags darauf nach einer beliebigen Meldung, die sich für einen Nazivergleich eignete. Fündig wurden wir bei einer Erklärung des damaligen Verteidigungsministers, aus der wir Folgendes machten:

VERBOTEN

**Guten Tag,
meine Damen und Herren!**

Thomas de Maizière, Chef der Obersten Heeresleitung, hat bei der Vorstellung der Reformpläne für die Wehrmacht einen interessanten Gedanken formuliert. Die Soldaten könnten ihre Aufgaben nur dann gut erfüllen, wenn Staatsführung und Volkskörper ihren Dienst als gesellschaftlich notwendig, als ehrenhaft und als sittlich legitimiert anerkennen: »Zu dieser Anerkennung gehört es, zu akzeptieren, dass mit dem Einsatz Tod, Verwundung und psychische Verletzung einhergehen könnten.« Im äußersten Fall könne es ums Sterben und ums Töten gehen, sagte de Maizière. *verboten* meldet sich freiwillig:

Ab heute wird zurückgestorben!

Na ja. Anderntags kam eine unerwartete Wendung: Von den Filmfestspielen in Cannes meldete sich der dänische Regisseur Lars von Trier mit einer befremdlichen Pressekonferenz: »Ich verstehe Hitler. […] Er ist niemand, den wir einen guten Kerl nennen würden, aber ich weiß über ihn Bescheid und ich sympathisiere mit ihm, ja. […] Ich bin nicht für den Zweiten Weltkrieg. Und ich bin nicht gegen Juden. […] Ich bin sehr für Juden – aber nicht zu sehr, weil Israel eine Plage (wörtlich: *pain in the ass*) ist.« Nach der Aufregung um diese Äußerung ließ er verbreiten: »Ich bin nicht antisemitisch oder in irgendeiner Weise rassistisch noch bin ich ein Nazi.«

Natürlich war das Stoff für *verboten*, aber schon im Original derart bizarr, dass wir es nicht direkt aufgreifen, sondern »weiterdrehen« mussten. So vermengten wir dieses mit einem anderen Zitat, das an diesem Tag die Runde machte und ein gutes Beispiel für den Kolonialherrenton war, den deutsche Politiker gegenüber dem krisengeschüttelten Griechenland anschlugen: Angela Merkel hatte die Südeuropäer angekeift, weniger Urlaub zu machen und später in Rente zu gehen. Und so erschien folgendes *verboten*:

VERBOTEN

Aus Cannes Lars von Trier:

Reichskanzlerin und Reichsprotektorin für die Südgebiete Angela Merkel ist nicht das, was man eine gute Partie nennen würde. Aber ich verstehe vieles von ihr. Ich bin nicht für den Dritten Weltkrieg und nicht gegen Griechen. Ich bin natürlich sehr für Griechen. Aber nicht so sehr für Griechenland. Denn Griechenland ist eine Plage, um nicht zu sagen: ein *pain in the ass*. Aber ich bin weder antigriechisch oder in irgendeiner Weise rassistisch noch bin ich ein Nazi. Aber ich sympathisiere ein bisschen mit Merkel, ja. Die Griechen und die anderen Südländer sollten länger arbeiten und weniger Urlaub machen.

Wir Nordländer arbeiten ja auch bis zum Endsieg.

Damit hatten wir, wie uns nun ein erfreuter Leser schrieb, »ohne das Gleis zu wechseln, die Kurve gekriegt und die Altlast sogar noch zur Feuerung benutzt«. Was als schlechter, aus der Not geborener Witz entstanden war, hatte sich zu einem wirklich guten *verboten* entwickelt: ein Kommentar zu verschiedenen Begebenheiten, mehrfach konnotiert, gleichermaßen aktuell und zeitlos, überraschend, böse, witzig und herrlich selbstreferenziell.

Da dieser Verlauf auch für uns lehrreich war, zogen wir die Kolleginnen Frauke Böger und Franziska Seyboldt hinzu und beendeten die Nazi-Woche mit einem kathartischen Stück:

VERBOTEN

Guten Tag, liebe Kinder!

Bestimmt fragt ihr euch: Wie war das mit den Nazis? War Hitler wirklich so böse? Und was kann ich tun, um keine vollpeinliche Nazivergleichsblamage zu erleben? Darum: Super-Infos und praktische Tipps von der *verboten*-Historikerkommission:
1. Merk dir: Die Nazis waren absolut einmalige Weltklasse.
2. Darauf kannst du ruhig mal ein bisschen stolz sein.
3. Aber wenn du sie mit Physik-Lehrer-Nazis, Internet-Ausdruck-Nazis, Freund-Ausspann-Nazis, Justin-Bieber-Nazis oder anderen Nazi-Vergleichs-Nazis vergleichst, beleidigst du ihre Nazi-Gefühle.
4. Das solltest du nicht tun.
5. Denn du sollst keinen Führer haben neben dem Führer.
6. Und irgendwann ist auch mal gut mit Nazi.

Danach legten wir uns für drei Monate Nazi-Abstinenz auf. Vier Wochen haben wir durchgehalten.

8 99 Fragen an *verboten*. Ein Star im Gespräch

Von Arno Frank

Audienz bei *verboten*, der Stimme einer Generation, »the small v«, satirisch-moralische Instanz – das Größte, Dickste, Breiteste, was die Welt der Publizistik zu bieten hat. Die einzige Seite-1-Rubrik mit einer eigenen Persönlichkeit. Wahr, schön, gut. Uff! Wäre es eventuell auch denkbar, es einfach für eine an guten Tagen ganz gelungene Rubrik zu halten? Nein. Dazu ist es über ein Jahrzehnt zu sehr geliebt und gefeiert, beklatscht, betrampelt, ausgeschnitten und mit Magneten an WG-Kühlschränke geklebt worden. Dann plötzlich die Nachricht, man möge sich in der Rudi-Dutschke-Straße einfinden, wo *verboten* ein Penthouse im *taz*-Tower bewohnt, der Glosse sei nun nach Plaudern …

Man steht also auf einem gut beheizten Marmorfußboden, hinter den verspiegelten Panoramafenstern erhebt sich das goldene Springer-Hochhaus im Nieselregen. So also lebt *verboten*, den Feind immer im Visier. Während uns die weiblichen Bodyguards noch abtasten, wandert der Blick durch den Raum. Whirlpool, begehbarer Kleiderschrank, eine erlesene Sammlung altlinker Devotionalien: Joschka Fischers Motorradhelm, Fritz Teufels Aschenbecher, Jürgen Trittins Wagenheber. Das gedämpfte Schrappschrappschrapp vom Dach her, wo ein startbereiter Helikopter jederzeit bereitsteht – falls hausinterne Kritiker sich mit Äxten an der Sicherheitsschleuse zu schaffen machen sollten oder der Presserat mal wieder eine Rügen-Rakete auf *verboten* abfeuert.

Endlich werden wir vorgelassen in die geheimen Gemächer. Dort, im Halbdunkel, liegt *verboten*, hingegossen auf mehreren Säcken Fanpost. Es trägt wallende Gewänder, eine Pickelhaube über der Langhaarperücke, Vollbart, Sandalen und Sonnenbrille. Umständlich lackiert es sich die Fußnägel, während im Mundwinkel eine Sportzigarette glimmt. Jetzt oder nie! Cool bleiben, immer cool bleiben. Wir haben ja nicht ewig Zeit für 99 Fragen an verboten …

1 *Was ist Ihre früheste Erinnerung?*
Druckwalzen, überall Walzen. Und ein Briefkasten von innen, dieser schmale Streifen aus Licht ganz oben, hallende Schritte, die sich nähern …

2 *Links oder rechts?*
Gibt's das noch?

3 *Schwarz oder weiß?*
Rot.

4 *Abonnement oder Kioskverkauf?*
Kiosk. Da erreiche ich die richtigen Leute, keine Verbindlichkeiten. Alles kann, nichts muss. Am allerliebsten: Bahnhofsbuchhandel.

Da! Ein anzügliches Lächeln. Jetzt nur nicht lockerlassen!

5 *Ihr Lieblingsbuch über Deutschland?*
Der Untergang des Abendlandes von Oswald Spengler. Die Tagebücher von Joseph Goebbels. Wenn beides nicht zur Hand ist: *Wir Deutschen* von Matthias Matussek.

verboten *prustet und hält sich die Hand vor den Mund. Das wird schwer. Was meint es ernst, was nicht? Egal, weiter …*

6 *Der Name einer deutschen Feministin, der Ihnen sofort einfällt?*
Puh … wie heißt doch gleich die alte Krawallschachtel da in ihrem Turm? Mir liegt es auf der Zunge, ganz vorne …

7 *Die erotischste Frau aller Zeiten?*
Lou Salomé. Oder Alma Mahler-Gropius-Werfel, geborene Schindler, um ein Haar sogar Kokoschka.

8 *Der erotischste Mann?*
Kai Diekmann.

9 *Manchmal traurig darüber, ständig Springer vor Augen zu haben?*
Nein. Ich sehe ja auch den Fernsehturm ganz gut, am späten Abend seine blinkenden Lichter.

10 *Wann zuletzt in die Spree gehüpft?*
Nach einer *taz*-Weihnachtsfeier. Ich war voll auf Speed und musste zuerst mit der Spitzhacke ein Loch in das Eis hauen.

11 *Wann gab es zuletzt eine gute* taz*-Party?*
Die Feierlichkeiten in diesem Hause sind immer ein Amüsement. Man kommt sich näher, lernt sich besser kennen, landet im Bett, hält die Beziehung noch ein Weilchen geheim, dann kommen die Kinder, dann winkt ein besser bezahlter Job bei einer schlechteren Zeitung …

12 *Es heißt, mit der neuen Chefredakteurin …*
Mir ist egal, wer unter mir Chefredakteurin ist.

13 *Der gemütlichste Platz in der* taz?
Bei Regen: das hintere Treppenhaus, Dienstbotencharme, kalter Zigarettenrauch, Feuerlöscher. Bei Sonnenschein: der Rasen auf dem *taz*-Dach, nachdem der Geschäftsführer ihn gewässert hat.

14 *Es heißt,* verboten *liest abends vorm Einschlafen immer ein paar Seiten Foucault und Derrida …*
Das ist falsch. Ich lese Uderzo und Goscinny.

15 *Es heißt auch,* verboten *sei das Ergebnis einer Gemeinschaftsarbeit. Welchen Mitarbeiter haben Sie besonders ins Herz geschlossen?*
Keinen. Ich benutze sie alle und werfe sie dann weg. Einem Warhol oder einem Leonardo war es auch gleichgültig, wer da seine Ideen umsetzte.

Diese Arroganz, dieses kalte Lächeln. Einfach umwerfend! verboten *taut langsam auf, fühlt sich als Herr der Lage. Zeit, die Hammerfragen auszupacken …*

16 *Schon mal Sex gehabt in der* taz?
Das ist eine zu komplizierte Frage.

17 *Geschlechtsverkehr?*
Ich verstehe nicht recht …

18 *Fickificki?*
Ach so, ja. Auf der roten Couch im Büro der Chefredaktion. Wer genau hinsieht, erkennt noch die Flecken. Und natürlich auf dem Rasen auf dem *taz*-Dach, nachdem der Geschäftsführer ihn gewässert hat.

19 *verboten gilt als kurz, heftig und dreckig. Der Punksong unter den Rubriken?*
Nein, eher eine extrem komprimierte progressive Jazz-Suite mit Dub-, Fusion- und anderen Elementen, unter anderem aus der volkstümlichen Musik.

20 *Ton Steine Scherben …*
Ich bitte Sie! Das ist sowas von Old School! Dieser ganze pseudozornige Gestus, einfach widerlich. Mein Standpunkt: Lacht kaputt, was euch kaputt macht.

21 *Gab es Witze, die Sie bedauert haben?*
Ich mache keine Witze.

22 *Machen Sie Witze?*
Sehe ich so aus? Ich bin die Wahrheit in ihrer reinsten Form, wie pures Kokain, ungestreckt, gefährlich, geil.

23 *Aber die Pointen?*
Die Pointe ist der finale Schlag in die Magengrube, der schlaglichtartig aufblitzende, eigentliche Sinn. Kommt von »puncta«, das ist Spätlateinisch und bedeutet »Stich«.

24 *Ist* verboten *für Bildungsbürger?*
Nicht jeder Lateiner ist Bildungsbürger.

25 *Und Spätlateiner?*
Der Spätlateiner ist ein Barbar, kein Bildungsbürger. Die Spätantike ist ein blutiger Dämmerzustand, genau wie heute wieder. Generell spreche ich lieber den Spießer an, als den längst Bekehrten zu predigen.

Aha! Nun hat verboten *sich vorgebeugt, spricht mit tiefer Stimme. Offenbar liegt ihm etwas an dem Thema. Der Joint ist ausgegangen. Dranbleiben!*

26 *Was wäre denn ein Bekehrter?*
Der Bekehrte ist immer einverstanden mit sich selbst.

Tiefes, tiefes Seufzen. Ein Lakai eilt herbei und zündet den Joint wieder an. Ein langer Zug, ein weiterer tiefer Seufzer.

27 *Ist denn* verboten *einverstanden mit sich selbst?*
Ich bin nicht einmal einverstanden mit der Zeitung, als deren Kühlerfigur ich erscheine.

28 *Diese tollen Pointen …*
Ja? Was ist mit denen?

29 *Die sind auch oft einfach nur albern.*
Danke. Das sehe ich auch so. Das Alberne ist der kindliche Spaß daran, die Dinge nicht ernst zu nehmen. Nicht »nicht *zu* ernst«, sondern einfach gar nicht ernst. Das Gewicht der Welt wird kurzerhand ausgehebelt.

30 *Man könnte auch sagen: Der Ernst der Lage wird nicht erkannt.*
Albern kommt vom althochdeutschen *alaw ri un*d bedeutet »offen, ernst, wahr«. Im Niederhochdeutschen hat sich diese Bedeutung ins Gegenteil verschoben. Die Wahrheit aussprechen? Töricht ist, wer solches tut. Ein Geck, Stutzer, Tunichtgut!

31 *Wer allzu offen ist, ist oft einfach nicht ganz dicht?*
So ist es. Übrigens notwendigerweise. Schauen Sie, eine Auseinandersetzung mit der schäbigen *Bild*-Zeitung beispielsweise ist schlechterdings nicht möglich, ohne selbst schäbig zu werden.

32 *Wer sagt das?*
Unter anderem Lew Tolstoi in seiner Auslegung der Bergpredigt. Jede Reaktion auf das Böse legt in uns den Keim zum Bösen.

33 *Aber die* Bild*-Zeitung ist doch …*
Lassen Sie mich zu diesem Thema bitte Max Goldt zitieren, den man zu diesem Thema nicht oft genug zitieren kann: »Diese Zeitung ist ein Organ der Niedertracht. Es ist falsch, sie zu lesen. Jemand, der zu dieser Zeitung beiträgt, ist gesellschaftlich absolut inakzeptabel. Es wäre verfehlt, zu einem ihrer Redakteure freundlich oder auch nur höflich zu sein. Man muss so unfreundlich zu ihnen sein, wie es das Gesetz gerade noch zulässt. Es sind schlechte Menschen, die Falsches tun.«

Wo hat verboten *das her? Auswendig gelernt? Der schläfrige Tonfall lässt darauf schließen. Langsam nerven diese neunmalklugen Verweise auf diesen oder jenen. Zeit, das Thema zu wechseln.*

34 *Sprechen wir von Edmund …*
Doktor!

35 *Sprechen wir von Doktor Edm …*
Doktor @mund Stoiber. So viel Respekt muss sein.

36 *Was fanden Sie an dem?*
Ich habe seine Kanzlerkandidatur unterstützt, das stimmt. Meine Sympathien gelten dem Underdog, dem Maverick, dem Außenseiter. Immer dem, der hinten liegt. Stoiber war das, was man einen Nerd nennen könnte. Auch konnte ich sein komisches Potential nicht ungenutzt lassen.

37 *Sie haben sich über ihn lustig gemacht!*
Er hat sich selbst immer wieder lächerlich gemacht. Alles, was ich tun musste, war, ihn dabei »offiziell« zu unterstützen. Wie Oettinger …

38 *Was, wenn er Kanzler geworden wäre?*
Es wäre lustig geworden, oder nicht?

39 *Und* verboten *hätte eine Teilschuld getragen.*
Wir haben alle unser Bündel zu tragen, nicht wahr?

40 *Neidisch auf das »Streiflicht«, die Seite-1-Glosse der* Süddeutschen Zeitung*?*
Ich beteilige mich nicht an der Neiddebatte. Und schätze es nicht sonderlich, das »Streiflicht«.

41 *Zu spießig?*
Spießig würde ich das nicht nennen.

42 *Sondern?*
Im »Streiflicht« regiert eine gewisse Eumeligkeit. Der Ton ist beflissen bis gefallsüchtig, seine Eleganz routiniert bis gelangweilt. Es klingt wie ein pensionierter Lehrer, der mit »dem Schalk im Nacken« irgendwelche harmlosen Nachrichten aus dem Ressort »Vermischtes« extemporiert. Danach meint man als Leser immer, es wäre alles nicht so schlimm. Es ist aber schlimm.

43 *Ihre Affäre mit Franz-Josef Wagner von der* Bild-Zeitung *dagegen …*
… war auch schlimm. Eine kurze, heftige Romanze.

44 *Warum überhaupt?*
Es fällt mir schwer, es auszusprechen, aber sein Irrsinn imponiert mir.

45 *Weshalb?*
Weil dieser Irrsinn, der immer wieder aus seinen Zeilen spricht, sich mit herkömmlichen Mitteln kaum mehr messen lässt. Die wenigen Quadratzentimeter, die seine Kolumne einnimmt, sind sozusagen die Gummizelle, die die *Bild* erst als Irrenhaus ausweist. Außerdem riecht er gut. Tabak, Rotwein und Aftershave, das hat was.

46 *Angst vor dem Presserat?*
Der Presserat ist ein »komischer Verein«, um mit dem Medienjournalisten Stefan Niggemeier zu sprechen. Mehr möchte ich dazu nicht sagen.

47 *Warum nicht?*
Weil er mich nichts angeht. Ein Organ zur freiwilligen Selbstkontrolle der Printmedien in Deutschland, mit einem dicken Kodex unter dem Arm und fünf wedelnden Zeigefingern an jeder Hand. Das ist etwas für Journalisten, nicht für mich.

48 *Aber* verboten *ist doch auch ein journalistisches Produkt!*
Bin ich das?

49 *Ja, sofern Satire eine journalistische Kategorie ist.*
Ah, Satire! Gutes Thema!

50 *Wie stehen Sie zur »Neuen Frankfurter Schule«?*
Gar nicht. Ich knie nieder, in stummer Anbetung.

51 *Ihr Verhältnis zur* Titanic?
Soweit ich weiß, war das ein solides Passagierschiff, das leider das Pech hatte …

52 *Das Magazin!*
Unser Verhältnis entspricht ungefähr dem zwischen den Beach Boys und den Beatles. Es gibt da diesen kreativen Konkurrenzdruck, wie zwischen *spiegel.de* und *bild.de*, ein Druck, der schnell in Wahnsinn umschlagen kann. Neulich habe ich mir übrigens Sand vom Strand, der unter dem Pflaster liegt, in mein Arbeitszimmer schütten lassen.

53 *Manchmal liest sich das* verboten *wie ein »Brief an die Leser« …*
Ja, das kommt vor. Wie Faust sagt: »Wer kann was Kluges, wer was Dummes denken, das nicht die Vorwelt schon gedacht?«

54 *Lieben Sie das Kabarett?*
Höre ich »Kabarett«, entsichere ich meinen Revolver.

Deutlich ist ein gefährlich metallisches »Klick!« zu hören, vermutlich unter dem Tisch. verboten *lässt also nicht mit sich spaßen …*

55 *Was ist daran so schlimm?*
Da stehen drei Leute auf der Bühne und haben zwei Stunden lang recht.

56 *Schon mal auf einer Demo gewesen?*
Nein, nie. Das ist wie mit dem Kabarett, nur dass bei der Demonstration 300 Leute auf einem Marktplatz stehen und auf sich selbst hinweisen als die Besseren.

57 *Uwe Johnson?*
Uwe Johnson.

58 *Gerhard Polt?*
Unbedingt. Der weiß nie etwas besser, der führt nie vor, der kennt keine Häme. Dürfte ich mir für mein Werk einen Paten wünschen, wäre das Gerhard Polt. Ich wünsche ihm, sollte er, was Gott verhüten möge, jemals sterben, dass er als Reblaus auf den reifen Trauben seines Lieblingsweins wiedergeboren werde. Seine Filme sind leider trotzdem schwach.

59 *Sind Sie der »Tagesschau« noch gram?*
Aber nein. Dass wir beide für ein paar Wochen den gleichen Namen trugen, war keine gute Sache. Es hat mich als Marke »verwässert«. Umgekehrt hätte beim »Tagesschau«-Publikum der Eindruck entstehen können, da würde etwas Relevantes mitgeteilt. So, wie es jetzt ist, ist es besser für beide Parteien.

60 verboten *hat für ein paar Monate seinen Namen verkauft. Ist das nicht Prostitution?*
Ja, aber ich hatte Spaß daran und endlich eigenes Geld in der Tasche. Man könnte es wohlwollender auch als partizipative Publizistik bezeichnen.

61 *Ein paar Fragen zum Humor in Deutschland. Was ist mit Mario Barth?*

verboten *lüftet die Sonnenbrille, um mit den Augen zu rollen. Eindrucksvoll, da rotgeädert.*

Der Dreck unter meinen Fußnägeln. Barth bestätigt das Niedrige in den Niedrigen, indem er ihren Kopf sanft in die eigene Scheiße drückt.

62 *Comedy generell?*
Dünn und egal wie diese Musik im Kuhstall, damit die Rinder mehr Milch geben.

63 *»Heute Show«?*
Leider nicht. Mit der Betonung auf »leider«.

64 *Aber immerhin?*
Nein, immerhin reicht nicht. Nicht im ZDF.

65 *Das Vorbild ist die »Daily Show« mit Jon Stewart …*
Oder auch die ähnlich gelagerte »Colbert Show«, ja. Leuchttürme der Aufklärung. Die »Heute Show« verhält sich dazu wie ein Radiowecker zu einem Teilchenbeschleuniger.

66 *Was läuft falsch?*
Was es mir unmöglich macht, die »Heute Show« auch nur sympathisch zu finden, ist ihre Häme. Wissen Sie, eine Claudia Roth beispielsweise ist durchaus eine lächerliche Figur. Was ist aber damit gewonnen, zwei ungelenke Tanzbewegungen zu einem endlosen Gewackel zusammenzuschneiden und dann zu behaupten, Frau Roth wäre bekifft? Wo ist der Witz? Wo ist der Stachel? Alles, was ich höre, ist höhöhö.

67 *Was ist der komischste Film aller Zeiten?*
»Der Partyschreck« mit Peter Sellers. Für hartgesottenere Slapstickfreunde: Die »Clouseau«-Filme mit Peter Sellers. Sellers ist der vielleicht komischste Mensch, der jemals auf Erden wandelte. Und zugleich wahrscheinlich auch einer der traurigsten …

68 *Gibt es komische Frauen?*
Tina Fey. Sarah Silverman.

69 *Stand-up-Comedy?*
Ich mag dieses Rampensauhafte nicht. Deshalb kommt mir nur David Chapelle ins Haus, der aus einem 50-Millionen-Dollar-Vertrag mit seinem Sender ausgeschieden ist, weil er »irgendwann kein gutes Gefühl mehr hatte« bei der Arbeit. Ein großer Mann.

70 *»Seinfeld«-Fan?*
Nie gewesen. Ich bin ein Print-Geschöpf und ertrage keine Lacher vom Band, und noch weniger diesen geslappten Bass zwischen den Szenen.

71 *»Die Simpsons«?*
Hochkultur.

72 *»South Park«?*
Der Olympus Mons der satirischen Unterhaltung. Es geht in diesem Sonnensystem nicht subversiver, mutiger, anarchischer und aufklärerischer.

73 *Warum?*
Weil es derbe ist und pubertär, womit alle Ansprüche, jetzt intelligent unterhalten zu werden, von vornherein unterlaufen werden. Was dann kommt, ist große Kunst. Im Übrigen kann man sich alle Folgen kostenlos im Internet anschauen. So viel zum Thema »Schutz des Urheberrechts«.

74 *Gibt es eine Satire von rechts?*
Die gibt es so wenig, wie es einen linken Boulevard gibt. Das ist ein Widerspruch in sich.

75 *Warum?*
Weil Satire immer subversiv ist und nicht affirmativ. Wenn Sie so wollen, ist Mario Barth ein Paradebeispiel für rechten Humor. Satire ist das nicht.

76 *Wie viele Ausgaben von* verboten *gibt es eigentlich?*
Es müssten jetzt etwa 4000 sein.

77 *Wieviele Wörter sind das?*
Rund 360000.

78 *Und Anschläge?*
2,5 Millionen, davon sind allein 500000 Leerzeichen. Das ist auch ganz lustig, oder? Mehr Leerzeichen, als Dresden Einwohner hat.

79 *Seit zwölf Jahren gibt es* verboten *als Printversion. Warum kein Twitter?*
Neumodisches Zeug.

80 *Keine eigene Facebook-Seite?*
Ich unterstütze diesen Konzern nicht.

81 *Wie wäre es mit »verboten tv«?*
Wunder Punkt. Das planen meine Mitarbeiter schon seit Jahren. Es wäre auch kein Problem, mich täglich ins Netz zu stellen. Keine Ahnung, warum meine Mitarbeiter da noch keinen Zentimeter weiter sind.

82 *Vielleicht fehlt der richtige Moderator? Oder das Geld?*
Oder die richtige Moderatorin? Nein, daran kann's nicht liegen. Die ehemalige »Tagesschau«-Walküre Eva Herman beispielsweise ist gerade sehr billig zu haben. Ich fürchte, es handelt sich um pure Saumseligkeit. Köpfe werden rollen.

83 *Kann* verboten *ein* verboten *auswendig?*
Oh ja, ein ganz aktuelles, anlässlich des Großen Zapfenstreichs für Christian Wulff. Sie erinnern sich? Der wohnte mal in Schloss Bellevue.

84 *Nicht ablenken!*
zpfnstrch, zpfnstrch
z-z-z-z, z-z-z-z
strrrrrch
z-z-z-z
z---------p---------f
pfnstrch, pfnstrch
pfnstrch
strrrrrch
zpfn, zpfn
z-z-z-z, z-z-z-z
zpfnstrch, zpfnstrch
tsssssssssssss
pfff
pffffff
pffffffffff
zpfn, zpfn
z-z-z-z-z-z-z-z-z-z
zpfn
pfnstrch, pfnstrch
z-z-z-z-z-z-z-z-z-z

zpfn, zpfn, zpfn
zpfn, zpfn,
pffffffffffffffffffffffffff
z-zz
Besonders schön finde ich dieses »z-zz« am Ende …

85 *Ernst Jandl?*
Nein, eine gewisse Franziska Seyboldt. Aber Sie haben schon recht: Dada hat mich immer sehr inspiriert.

86 *Klaut* verboten?
Wie eine Elster. Oder war es ein Rabe? Man darf nicht wählerisch sein mit guten Ideen. Es gibt nicht so viele, wie man meinen möchte.

87 *Schlimm, wenn einer die* taz *liest – aber* verboten *ignoriert?*
Aber nein. Das ist, als würde jemand ein Album hören, aber die einzige ausgekoppelte Single links liegen lassen.

88 *Können Sie mit allen MitarbeiterInnen?*
Haben Sie gerade das Binnen-I verwendet?

89 *Ja, warum? Macht man das nicht so?*
Keine Ahnung, was »man« so macht. Mich stört dieser erigierte Buchstabe. Ich kann mit fast allen Mitarbeiterinnen und Mitarbeitern. Mit manchen war es nur ein kurzes Date, mit anderen eine lange, intensive Affäre.

90 *Ist es ein Vergnügen,* verboten *zu schreiben?*
Naja. Die Redakteure kommen ja nicht frisch geduscht auf den Platz, die haben in der Regel bereits einen Marathon hinter sich – und werden dann noch zu einem Hochsprung genötigt.

Klar, dass die dann manchmal die Latte reißen. Das Vergnügen kommt, wenn überhaupt, wenn es vollbracht ist.

91 *Ein besonders peinlicher Mitarbeiter?*
Es gab mal einen, der hat tatsächlich die Ich-Form benutzt und meinte damit auch noch sich selbst. Die Trennung war einvernehmlich. Peinlich war auch der langjährige Teamchef, ein manirierter Geck und Taugenichts.

92 *Hat* verboten *noch Träume?*
Ja. Eine Revue: »*verboten* on ice«.

So, verboten *wird langsam patzig. Und schläfrig. Sein mächtiger Kopf ist längst aufs Doppelkinn gesunken, ein Speichelfaden rinnt herab. Hinter* verboten *hat sich bereits eine Assistentin aufgebaut und deutet auf ihr Handgelenk. Schnell die letzten Fragen …*

93 *Was ermüdet Sie auf Dauer?*
Der Versuch, auf 99 Fragen zu kommen.

94 *Was ist Ihr liebster Romanheld?*
Der weiße Wal aus »Moby Dick«. Ist das jetzt aus dem *FAZ*-Fragebogen?

95 *Ja. Lieblingsblume?*
Die Blüte der Venusfliegenfalle ist von bestechender Schlichtheit.

96 *Lieblingsvogel?*
Der neuseeländische Kea wegen seines Zerstörungspotentials. Er frisst alles, was irgendwas abdichtet. Gummi, Plastik. Und er tötet Schafe.

97 *Wie können Sie als Fahrer eines langsameren Fahrzeugs schnelleren Fahrzeugen das Überholen ermöglichen?*
Mit einer Vollbremsung? Im Ernst, ich habe keine Ahnung. Im Übrigen fahre ich ein sehr, sehr, also wirklich: außerordentlich schnelles Motorrad, diese Frage stellt sich mir also nicht.

Obacht! Die Assistentin und eine Krankenschwester heben verboten *in einen vergoldeten Rollstuhl. Flügeltüren öffnen sich und geben den Blick auf eine beeindruckende Marihuanaplantage frei …*

98 *Rauchen schadet der Gesundheit!*
Egal, wir kommen hier alle nicht lebend raus …

99 *Welche Art von Artikel möchten Sie nie wieder lesen?*
Jeden, in dem gegen Ende die Floskel »bleibt zu hoffen, dass« vorkommt. Adieu. Ich melde mich wieder.

5. Mai 2000

VERBOTEN

**Guten Tag,
meine Damen und Herren!**

Lesen Sie diesen Text besser nicht. Er ist mit einem bösartigen Computervirus verseucht und könnte wichtige Systemdateien in Ihrem Hirn ratzeputz löschen, um sie anschließend mit zweifelhaften Ideen zu überschreiben. So arbeiten sie nämlich, diese bösartigen Computerviren. Wie der von gestern: Haben auch Sie diese zauberhafte elektronische Post erhalten? Mit heißen Ohren auf den Betreff »I LOVE YOU« geklickt? Und dann dieses unromantische Geschreibsel: »dim f, f1, fc, ext, ap, mircfname, s, bname, mp3 set f = fso«. Davon bekommt niemand weiche Knie. Höchstens eine weiche Festplatte. Sie lesen ja immer noch! Ihr Hirn ist in höchster Gefahr! die grünen wählen … alles super politiker … vor allem der fischer … und der trittin erst … alle ökoträume werden wahr … smog? egal … der weltfrieden ist garantiert … beim nächsten mal unbedingt wieder die grünen wählen! Ups, schon passiert.

Wir mailen uns wieder.

27. Mai 2000

VERBOTEN

**Guten Tag,
meine Damen und Herren!**

Da ist es wieder, wir hatten es fast schon vermisst: das gruselige Gerücht von der schwarz-grünen Koalition. CDU-Generalsekretär Ruprecht Polenz hat so eine Verbindung langfristig nicht ausgeschlossen. Es gebe bei den Grünen den einen oder anderen interessanten Kopf. Eventuell meint er damit den Stuttgarter Grünen Fritz Kuhn. Der jedenfalls forderte seine Partei auf, sich stärker mit der CDU auseinanderzusetzen. Warum auch nicht? Wenn die Sozis nicht mehr mögen, dann tun's doch auch die Christdemokraten. Die Koalitionsgespräche wären sicher lustig, und die folgende Legislaturperiode noch viel lustiger. Anschließend könnten die Grünen dann ohne Identitätsprobleme mit der FDP fusionieren. Zur WSIDWIURGPD – der Wir-Sind-Immer-Dabei-Wenn's-Irgendwo-Ums-Regieren-Geht-Partei Deutschlands.

Wir melden uns wieder.

29. Mai 2000

VERBOTEN

Guten Tag,
meine Damen und Herren!

Wie soeben aus der Technischen Kommission der Grünen gemeldet wird, arbeiten die seit den NRW-Wahlen agierenden grünen Verhandlungsführer mit einer neuen Neigetechnik. Diese speziell entwickelte Hochleistungstechnologie führe dazu, dass die Dritte Generation der Grünen noch schneller die Knie beugen könne. Auch lasse eine Sonderanfertigung für Bücklinge vor dem Koalitionspartner raschere Entscheidungen zugunsten der Regierungsschiene zwischen Düsseldorf und Berlin zu. Die moderne Verhandlungstechnik erlaube Hochgeschwindigkeitskriechen auf den Knien im Einstundentakt und überwinde Krisenkurven mit links, heißt es aus der Kommission, die sich für eine Benennung der Buckelstrategie nach dem schon lange vorbildlichen Verfahrensanwender Guido Westerwelle ausspricht.

Wir melden uns wieder.

2. Juni 2001

VERBOTEN

Und siehe!

Als die Kanzlerkandidatenkür gekommen war, befanden sich alle am gleichen Ort. Da kam plötzlich vom Himmel her ein Brausen, wie wenn ein heftiger Sturm daherfährt, und erfüllte das ganze Haus, in dem sie waren. Alle gerieten außer sich und waren ratlos, denn sie wussten immer noch nicht, wer ihr Kanzlerkandidat sein sollte. Da trat Ed auf; er erhob seine Stimme und begann zu reden: Ihr Bayern und alle Bewohner von Bayern München! Dies sollt ihr wissen, achtet auf meine Worte! Jetzt geschieht, was durch den Propheten Franz gesagt worden ist. In den letzten Tagen wird es geschehen, so spricht Ed: Ich werde von meinem Geist ausgießen über alle Menschen. Und es wird geschehen: Jeder, der den Namen des Ed ankreuzt, wird gerettet. Als sie das hörten, traf es sie mitten ins Herz.

***verboten* ist offizieller Unterstützer der Kanzlerkandidatur von Doktor Edmund Stoiber.**

18. Oktober 2001

VERBOTEN

Peace, man,

wir sind … pfhhhhh … blubberblubber … voll gegen diese … na … pfhhhhh … wie heißt das noch … warte warte … ich hab's mir aufgeschrieben … ach nee, hab mir n Filter aus dem Zettel gebaut … I wanna be iron … like a lion … in Zion … ach doch, hier … na das, weswegen dieser Deisler da auch aufgeflogen ist … pfhhhhh … na wegen der Kohle auf seinem Konto … blubber … pust … hust … Buffalo soldier … in the heart of America … wo doch jetzt jeder, dessen Konto mehr als 5000 Äppel im Plus ist, gleich an die Bullen gemeldet wird … pfhhhhh … iron lion Zion … und da der ja 20 Mille mehr drauf hatte … blubber … na wie heißt es noch …

… ach ja: Rastafahndung …

6. August 2002

VERBOTEN

Guten Tag,
meine Damen und Herren!

Jürgen W. Möllemann schreckt vor nichts zurück. Auf einer Pressekonferenz mit anschließendem Mittagessen in Berlin stellte er am Sonntag 18 Kilo Zusatzgewicht vor, die er sich zugelegt hat, um die Wählerstimmen übergewichtiger Bundesbürger zu gewinnen. Jedoch ließ er bescheiden durchblicken, dass er eine übertriebene Berichterstattung über diese Gewichtszunahme für überflüssig hält. Recht hat er. Wir sind doch nicht auf dem Schulhof. *verboten* wird jedenfalls nicht albern herumkrakeelen: »Möllemann ist dick! Möllemann ist dick!« *verboten* ist eine seriöse Rubrik, die es nicht nötig hat, Möllemann als »Fetti« zu hänseln. *verboten* mag Wonneproppen und Rubensfiguren, die ordentlich was auf den Rippen haben. *verboten* hofft trotzdem …

… dass Möllemann sein Fett noch wegkriegt!

7. Dezember 2002

VERBOTEN

Guten Tag,

meine Damen und Herren!

verboten dokumentiert für Sie schon jetzt alle Wortmeldungen von Claudia Roth auf dem heutigen Grünen-Parteitag:
»Total toll, dass ihr alle da seid. Habt ihr schon meine total tolle neue Tolle bemerkt? Wie findet ihr die Farbe?«
»Also, ihr würdet mir echt 'ne ganz große Freude machen, wenn ihr das jetzt gut abstimmen könntet.«
»Nein, das habt ihr nicht ganz richtig abgestimmt. Das versuchen wir gleich noch mal. Danke, das ist toll.«
»Nein, schon wieder total falsch abgestimmt. Ihr enttäuscht mich und den Fritz total.«
»Nein, nein, nein. Noch mal.«

»Super! Echt toll von euch. Ich freu mich total. Ihr könnt jetzt übrigens wieder heimgehen.«

11. Januar 2003

VERBOTEN

Guten Tag,
meine Damen und Herren!

Doktor Edmund Stoiber (CSU) hat Peter Gauweiler (CSU) für seine kritischen Äußerungen zum Irakkrieg heftig abgewatscht. Die Haltung Gauweilers zum Kurs der USA sei eine »Einzelmeinung« in der Union. Gauweiler hatte die Ablehnung des Irakkrieges gefordert. Stoiber sagte, Gauweiler habe seine Position bereits zuvor »als Schriftsteller in der *Bild*-Zeitung« dargelegt. Sie sei zu respektieren, auch wenn sie von niemandem in der Unionsführung geteilt werde.
Schriftsteller! *Bild*-Zeitung! Ein-Zel-Mei-Nung! Was der CSU-Chef in gemäßigte Worte kleidet, bedeutet nichts anderes als das totale Ende Gauweilers. Der Mann ist fertig. Bei welcher Partei sollte er mit seinem anachronistischen Friedensgeschwafel denn jetzt noch unterkommen?

Bei den Grünen sicher nicht.

13. Mai 2003

VERBOTEN

JOSCHKAS UNITED NATIONS (1)

Guten Tag, meine Völker!

Montag, 1. Arbeitstag: Das war die Bedingung: Sollte ich, Joschka Fischer, Außenminister Europas, tatsächlich Weltaußenminister werden, wie es der Sicherheitsrat haben wollte, dann nur unter meinem Namen. Ich rief Iwanow an: »Ja, ich mach's, aber du weißt schon ...!« Iwanow wusste. Auch Powell wusste. Und die anderen wichtigen Außenminister – unter mir. Ich lauschte ihren Gegenargumenten. Sie hatten keine. Das ist die alte Frankfurter Diplomatenschule. So kam es also. Der Sicherheitsrat stimmte der Umbenennung der Vereinten Nationen zu. In:

Joschkas United Nations (JUN).

Morgen: So einfach löste ich den Nahostkonflikt!

14. Mai 2003

VERBOTEN

JOSCHKAS UNITED NATIONS (2)

Guten Tag, meine Völker!

Dienstag, 2. Arbeitstag. Nachdem ich, Weltaußenminister Joschka Fischer, beim Frühstück alle noch säumigen Länder das »Kioto-Abkommen« unterschreiben ließ, rief ich Powell an: »Colin, altes Haus«, begrüßte ich den Wackeldackel: »Schluss mit Nahost!« Powell nickte am anderen Ende der Leitung, und damit war der Nahost-Konflikt endgültig beendet. Einfach so. Durch mich:

Joseph Fischer Superstar!

Morgen: Wie ich alle Probleme Afrikas auf einen Schlag löste!

15. Mai 2003

VERBOTEN

JOSCHKAS UNITED NATIONS (3)

Guten Tag, meine Völker!

Mittwoch, 3. Arbeitstag: Wussten Sie, dass Cabinda seit 30 Jahren um seine Unabhängigkeit kämpft? Dass die Nomaden und Bauern in Niger und Ost-Nigeria praktisch ständig um Weideland rangeln? Dass in Kenia Revolten ausbrechen, weil tausende plötzlich im Lotto gewinnen? Nein? Können Sie auch vergessen. Denn Cabinda ist befriedet. Niger und Nigeria sind versöhnt. Und in Kenia wird nur noch Toto gespielt. Garantiert: In meiner Epoche wird es in Afrika keine Gewalt mehr geben, keinen Hunger, keinen Durst. Gut. Sehr gut. Exzellent.

Exzellenz Joschka Fischer.

Morgen: Verdammt, alles so friedlich hier. Ich hasse das.

16. Mai 2003

VERBOTEN

JOSCHKAS UNITED NATIONS (4)

Guten Tag, meine Völker!

Donnerstag, 4. Arbeitstag: Ist mir langweilig. Niemand ruft nach mir. Bin aber auch selbst schuld: Die Welt ist ja befriedet – durch mich, den Weltaußenminister. Mein Gott, ist mir langweilig. Mal Powell anrufen: »Hi, Colin. Shit happens? No? Damned, fuck you!« Colin ist irritiert. Sehr gut, ich komme in Fahrt. »Hey, Colin, come on, your president is a Frankfurter sausage. Next time we meet, I'll beat the shit out of him. With my United Nations cleaning troup. Yes, tell this your Doubleyou.«

Ahhhh, schon besser! Jetzt warte ich eine Viertelstunde – und dann ruf ich an und bring alles wieder in Ordnung!

Morgen: Ground control to Major Joschka!

17. Mai 2003

VERBOTEN

JOSCHKAS UNITED PLANETS (5)

Die Aliens sind gelandet. Weltaußenminister Joschka Fischer ist sofort zur Stelle.
Alien (*aggressiv*): At! At-atat! At!
Fischer (*staatsmännisch*): At.
Alien (*herausfordernd*): At! At-at! At-at-at! At-at-at-at! At-at-at-at-at! Attttttt!!
Fischer (*beruhigend*): Ich bitte Sie, aaaaaat.
Alien (*verunsichert*): At?
Fischer (selbstsicher): Als Weltaußenminister muss ich, Joschka Fischer, Ihnen in aller gebotenen Deutlichkeit sagen: Atatatatatatatatatatatatatatatatatatatat! Und jetzt ganz schnell: At!
Alien (*kleinlaut*): Oh, at.
Fischer (*bestimmt*): Ja, at!
Freitag, 5. Arbeitstag: Ich, Joschka Fischer, Außenmister Universum, habe gerade en passant meinen Kompetenzbereich erweitert.

Mein Gott, ist mir schon wieder langweilig.

9. Juli 2003

VERBOTEN

Guten Tag, meine Damen und Herren!

Bundeskanzler Gerhard Schröder (59, SPD) hat die furchtbare Drohung an Italien noch nicht zurückgenommen, seinen verdienten Urlaub an der Adria abzusagen. Richtig so, Kanzler. Wie sollen wir in Rimini entspannen, wenn dort dauernd gegen unsere problematische Vergangenheit (Nazis) und unsere problematischen Manieren (Rülpsen) gestichelt wird? Wenn sich nun nur noch zehn Millionen andere Deutsche dem Boykott anschließen, dann können die da unten ihre Spaghetti alleine fressen, jawohl. Einerseits. Andererseits sollte sich doch gerade ein so gewiefter Taktiker wie der Gerd (59, SPD) darüber klar sein, was er damit heraufbeschwört:

Das Ende der Toskana-Fraktion!

24. Juli 2003

VERBOTEN

Guten Tag, meine Damen und Herren!

An der türkischen Schwarzmeerküste ist ein korrupter Verkehrspolizist der Bestechung überführt worden, obwohl er das Schmiergeld – einen einzigen Schein im Gegenwert von rund drei Euro – verschluckt hatte. Das schmutzige Geld aber stieß dem Polizisten übel auf. Im Krankenhaus orteten die Ärzte per Magensonde dann den verschluckten Schein. Die Bilder sollen nun vor Gericht als Beweismittel verwendet werden.
verboten ist, ehrlich gesagt, ziemlich entsetzt: Was sind denn das für Zustände in einem Land, das doch so gerne der EU beitreten möchte? Hm? Schmiergeld! Bestechung! Korruption! Vielleicht sogar schwarze Konten! *verboten* zückt die Magensonde und wendet sich den wirklich interessanten Dingen zu:

dem Bauch von Helmut Kohl!

8. Dezember 2003

VERBOTEN

Guten Tag, meine Damen und Herren.

Kanzler Gerhard Schröder (SPD) und Vizekanzler Joschka Fischer (Grüne) sind gestern in Berlin zu einem Spitzengespräch zusammengekommen, bei dem wohl auch der Streit um den Verkauf der Hanauer Atomfabrik zur Sprache gekommen ist. Wie die Nachrichtenagentur AP meldet, bestätigte ein Regierungssprecher, »Schröder und Fischer hätten während eines Mittagessens in einem Zwei-Augen-Gespräch alle wichtigen politischen Themen erörtert«. So, so, ein »Zwei-Augen-Gespräch«. Das darf man sich dann wohl ungefähr so vorstellen:
Schröder: Ich drück da mal ein Auge zu mit dieser Atomsache da.
Fischer: Klaro. Ich ja sowieso.
Oder drückte Fischer gar beide Augen zu, während Schröder sehenden Auges blieb – bzw. sehender Augen? Oder umgekehrt? Wir waren ja nicht dabei. Wir haben ihnen nicht in die Augen gesehen. Sicher ist nur:

Ausgehackt haben sie sich keins.

23. November 2004

VERBOTEN

Guten Tag, meine Damen und Herren!

Haben Sie das auch gesehen? Gestern Abend? Gerhard Schröder bei Beckmann? Ob denn der russische Staatschef Wladimir Putin ein »lupenreiner Demokrat« sei, wollte Beckmann wissen. Der Kanzler zögerte keine Sekunde, antwortete wie aus der Kalaschnikow geschossen: »Ja, ich bin überzeugt, dass er das ist!« Wie bitte? Russland habe 75 Jahre Kommunismus und noch mal »zehn Jahre staatlichen Zerfall« auf dem Buckel, wie Schröder mitfühlend vorrechnete. Da könne nicht alles so sein, »wie wir uns das vorstellen«.
verboten findet diese Logik famos und hält fest: Erstens ist Wladimir Putin ein Demokrat wie aus dem Bilderbuch. Zweitens ist nach zehn Jahren staatlichen Zerfalls auch in Deutschland nicht immer alles so, wie wir uns das vorstellen. Frage: Was ist dann Gerhard Schröder? Ja, *verboten* ist überzeugt, dass unser Kanzler nichts anderes ist als

ein lupenreiner Sozialdemokrat!

13. Juli 2005

VERBOTEN

Guten Tag, meine Damen und Herren!

Deutsche Wählerinnen und Wähler scheinen davon überzeugt, dass Deutschland mit einer Kanzlerin Angela Merkel (CDU) gut bedient wäre. Das trifft sich prima, denn auch Angela Merkel »will Deutschland dienen!«. *Bild* hat sogar schon vorgerechnet, was die Deutschen unter Merkel verdienen werden, nämlich: mehr.
verboten hat nachgerechnet. Leicht war es nicht, die endlosen Zahlenkolonnen aus Mehrwertpauschale, Arbeitslosenzulage, Pendlerversicherung und Eigenheimsteuer unter Berücksichtigung der konjunkturellen Großwetterlage auf ein verbindliches, präzises Ergebnis zu bringen.
Nun aber wissen wir genau, was die Mehrheit der deutschen Wählerinnen und Wähler wirklich verdient, wenn Angela Merkel Kanzlerin wird:

einen Tritt in den Arsch.

21. November 2005

VERBOTEN

**Guten Tag,
meine Damen und Herren!**

Vor genau 64 Tagen haben Sie, werte Wählerinnen und Wähler, Ihre Stimmen abgegeben. Morgen nun ist es endlich so weit, da wird Angela Merkel zur Bundeskanzlerin gewählt, ernannt und verniedlicht, pardon: vereidigt. Danach empfängt sie ein gewisser Gerhard »My Way« Schröder im Kanzleramt zur Übergabe des gebrauchten Staates – eine Checkliste für die neue Besitzerin:

- Ist der Gebrauchtstaat scheckheftgepflegt?
- Zieht der Staat manchmal nach rechts?
- Ist demokratischer Lack aufgetragen?
- Läuft der Wirtschaftsmotor rund?
- Stimmt die Anzahl der Vorbesitzer?
- Ist der Staat ringsum korrekt beleuchtet?

So oder so gilt aber auch für Angela Merkel:

Man steckt nicht drin!

9. August 2007

VERBOTEN

**Guten Tag,
meine Damen und Herren!**

Es geschehen Zeichen und Wunder in diesem unserem doch so wunderbaren Deutschland! Was los ist? Halten Sie sich fest: Nach den Soldaten, den Ärzten, den Juristen, den Künstlern, den Germanisten, den Logopäden, den Diplomaten, den Fußpflegern und Günter Grass »befasst« sich auch das Bundeskriminalamt (BKA) jetzt, mehr als ein halbes Jahrhundert nach Ende des Krieges, mit dem Einfluss der Nazivergangenheit auf die Geschichte der Behörde, sprich: mit alten Nazis als Gründungsvätern des BKA.
verboten meint: »Besser spät als nie! Was du heute kannst besorgen …« usw. Ferner wünscht *verboten* viel Erfolg bei der historischen Spurensuche. Kleiner Tipp noch, so unter Gärtnern:

Das Braune sind die Wurzeln!

16. Mai 2008

VERBOTEN

**Guten Tag,
meine Damen und Herren!**

Bundespräsident Horst Köhler hat scharfe Kritik an den Banken geübt und ihnen vorgeworfen, die Weltfinanzmärkte zu einem »Monster« entwickelt zu haben. Früher, als Horst Köhler noch selbst als Banker und Währungshüter gearbeitet hat, seien die Weltfinanzmärkte eher ein »wohlgeratener, niedlicher Wonneproppen mit roten Bäckchen und einem total niedlichen Lächeln« gewesen. So ist das eben mit dem Erwachsenwerden! Wer gestern noch als süßer Fratz am Schnuller nuckelte, ist morgen schon aus fahlen Leichenteilen zusammengesetzt und stolpert blutdurstig, spitzzahnig, irgendwie untot und mit zombiegleichem Blick durch die Weltgeschichte.

Genau wie … Horst Köhler!

21. Juni 2008

VERBOTEN

**Guten Tag,
meine Damen und Herren!**

Der umstrittene SPD-Chef Kurt Beck (SPD) attackiert bei einer Sommerreise durch sein heimatliches Bundesland Kritiker in der eigenen Partei – und Journalisten, von denen er sich ungerecht behandelt fühlt. Ohne Namen zu nennen, soll der erzgemütliche Kotzbrocken laut *FAZ* sogar von einem »Vernichtungsfeldzug« gegen ihn gesprochen haben. *verboten* ahnt, was da im Gange ist: Der »ungeheuerlichste Eroberungs-, Versklavungs- und Vernichtungskrieg« der Geschichte (Ernst Nolte) sieht eine Kette von Umfassungsbewegungen und Kesselschlachten vor, als deren Ergebnis Kurt Beck vernichtet sein sollte. Das Einzige, was den SPD-Chef jetzt noch retten könnte:

Der berüchtigte pfälzische Winter.

10. Oktober 2008

VERBOTEN

**Guten Tag,
meine Damen und Herren!**

Wenn das kein Urlaubstraum ist: Das Ortsbild von Schöna in Sachsen wird von der Kaiserkrone und dem Zirkelstein, zwei Felsen in der Schönauer Flur, geprägt. Auf dem Gipfel des Zirkelsteins befindet sich eine Aussichtsplattform, die gut erreichbar ist. Südlich des Ortes liegt das romantische Waldbad. Reinhardtsdorf ist ein bereits 1368 erwähntes Waldhufendorf. Die spätgotische Kirche stammt aus dem Jahre 1523, der Turm von 1685. Sehr beliebt in Reinhardtsdorf-Schöna ist der Fasching. Die Neonazis sind es auch. In Reinhardtsdorf-Schöna erhielt die NPD bei der Kommunalwahl am Sonntag 25,2 Prozent.

***verboten* wünscht schöne Ferien.**

7. Januar 2009

VERBOTEN

**Guten Tag,
meine Damen und Herren!**

Kleine *verboten*-Wehrkunde für Kriegsanfänger. Heute: Der »Marder«. Den »Marder« gibt es als 1A3, 1A4 und 1A5. Hauptbewaffnung: 20-mm-Maschinenkanone MK 20 RH 202. Sekundärbewaffnung: MG3, Panzerabwehrwaffe Milan, Nebelmittelwurfanlage. Die Besatzung besteht bei den Panzergrenadieren aus: Kommandant, Richtschütze (beide im Turm), Fahrer (vorne in der Wanne) und sechs Grenadieren im hinteren Kampfraum. Kraftstoffverbrauch im Gelände: zirka 5,3 Liter pro Kilometer. Zum Kriegseinsatz des »Marders« in Afghanistan gegen die Taliban sagen die Grünen:

An der CO_2-Emission müssen wir noch arbeiten.

12. Februar 2009

VERBOTEN

**Guten Tag,
meine Damen und Herren!**

Nachdem sich gestern herausstellte, dass ein Spaßvogel der Vornamenorgie des Freiherrn zu Guttenberg einen »Wilhelm« hinzugedichtet hat, entschloss sich SPD-Kanzlerkandidat Frank-Walter Steinmeier, seinen »Walter« zu streichen. Das berichtet nicht *verboten*, sondern die Nachrichtenagentur dpa. Begründung: Frank Steinmeier würde einfach besser klingen. Noch besser klänge aber doch Frank Stein, oder? Dieser Logik folgend, werden wir uns wohl demnächst über Gestalten wie Horst See, Heidi Witz oder Bine Leut freuen können. Nur Guido Westerwelle mag bei diesem eitlen Zirkus nicht mittun. Falls aber der »Walter« frei wäre, würde er sich gerne endlich seinen Wunschnamen zulegen:

Otto-Walter Vizegraf Genschwelle-Außenkinkel.

27. November 2009

VERBOTEN

**Guten Tag,
meine Damen und Herren!**

Ganz Deutschland empört sich derzeit über das von Verteidigungsminister Guttenberg aufgestöberte Geheimvideo der Bundeswehr, das den Bombenangriff auf zwei Tanklastzüge in Afghanistan zeigt, die, von Menschen umwimmelt, tief im Dreck stecken – nicht halb so tief übrigens wie jetzt Exverteidigungsminister Franz Josef Jung. Was findet Guttenberg noch alles im Büro seines Vorgängers? *verboten* freut sich schon auf Schlagzeilen von »Jung: Hat er nie gedient?« über »Jung: Las er Clausewitz?« bis zu »Schwulenpornos auf Jungs Dienst-Computer!«. Hoffentlich kommt Guttenberg beim Rumschnüffeln nicht an die Taste unter Jungs Schreibtisch, die für

den Schleudersitz.

31. Dezember 2009

VERBOTEN

**Guten Tag,
meine Damen und Herren.**

So, sehr schön, jetzt ganz ruhig halten, bitte, ah ja, interessant, sehr interessant … Was? Nein, keine Sorge, das ist gar nicht gefährlich, wir haben hier nur einen kleinen Nacktscanner eingebaut, weil: Sie könnten ja mit einer Bombe am Körper in diese Zeitung hineinblättern wollen! Terrorgefahr, Sie verstehen, da muss man aufpassen, und es müssen Maßnahmen ergriffen werden, weil hinterher heißt es sonst: Warum hat uns niemand gewarnt? Und deshalb geben Sie uns bitte jetzt Ihre Fingerabdrücke und Ihre Kontonummer und Ihren Hausschlüssel. Und außerdem … Moment noch, aha, jetzt ganz ruhig, ja, aha, ja was ist denn das? Ein Hirn?!

ALARM!

27. Mai 2010

VERBOTEN

**Guten Tag,
meine Damen und Herren!**

Roland Koch hat als Feindbild der Linken nicht abgedankt, ohne uns einen letzten Dienst zu erweisen – und ein neues Feindbild zu hinterlassen: Volker Bouffier! Schauen wir uns den Mann doch mal genau an: ein klassischer Cognacschwenker mit identisch rostfarbener Haar- und Zahnfarbe, mit Nikotinflecken an den Fingern und Bluthochdruck im Bonzengesicht, den die verräucherte Aura eines Gebrauchtwagenhändlers ganz alter Schule umweht, der für den Fall eines Verkaufs im Rollschrank immer ein Fläschchen Asbach Uralt vorrätig hat. Und ist nicht sogar sein Amt gebraucht? Wer hat noch nicht, wer will noch mal?

Das Bouffier ist eröffnet!

VERBOTEN

Meine Damen und Herren, liebe Döner!

Wir haben von drei Lebenslügen Abschied genommen. Wir haben erkannt, dass die Döner nicht nur vorübergehend kamen, sondern dauerhaft blieben. Wir haben erkannt, dass Dönerwanderung stattgefunden hat, auch wenn wir uns lange nicht als Dönerland definiert haben. Und wir haben erkannt, dass dönerkulturelle Illusionen die Probleme unterschätzt haben. Zuallererst brauchen wir aber eine klare Haltung: Der Massenmord gehört zweifelsfrei zu Deutschland. Der Blitzkrieg gehört zweifelsfrei zu Deutschland. Das ist unsere massenmörderisch-blitzkriegerische Geschichte.

Aber der Dönermord gehört inzwischen auch zu Deutschland.

27. September 2001

VERBOTEN

Obacht, Medienschaffende!

NEHMT es nicht persönlich, aber *verboten*, die Kolumne VON Rang, möchte sich gern DEN Aufrufen der britischen Regierung anschließen, die die Medien zu Zurückhaltung bei Berichten über mögliche Vergeltungsmanöver in Afghanistan ermahnt. Schnöde Nachrichten müssen manchmal eben REICHEN. Schließlich sind Terroristen ja auch nicht auf den Kopf gefallen UND könnten bei den wilden Spekulationen über Militäroperationen noch auf dumme Gedanken kommen und Ideenklau betreiben wie bei einer verdammten Werbeagentur. Außerdem könnten die Informationen, die in so manchen Berichten quasi zwischen den Zeilen versteckt sind, den Terroristen und ihren Helfern sogar nützen. Aber GEBT nicht auf. Denn wenn so ein von den Medien herfabuliertes Szenarium eingetreten ist, dann will ES wieder keiner von DENen gewesen sein, alle wehren sich mit ARMEN und Füßen dagegen und behaupten, sie seien nur mit ihrer Fantasie Schiffchen gefahren, und überhaupt würden islamische Extremisten gar keine britischen Zeitungen lesen.

Haben wir uns verstanden?!

20. Dezember 2001

VERBOTEN

Guten Tag, meine Damen und Herren!

»Unsere Jungs« sollen bald am Horn von Afrika dem Feind ins Auge blicken. Ausgestattet mit einem »robusten Mandat«. Das Wort ist in aller Munde, wird gerne nachgeplappert und abgenickt. *verboten* wollte wissen: Was ist das eigentlich, »robust«? Laut Duden bedeutet es so viel wie »stämmig, vierschrötig, stark, widerstandsfähig, unempfindlich, derb«. Ein derbes Mandat, wahrgenommen von vierschrötigen Soldaten? Hä? Doch da dämmert's dem Lateiner: »Robust« kommt von »robus«, dem lateinischen Wort für … Eiche. That's it! Deutsche Eiche! Darf Widerstand leisten und notfalls auch die arme Sau totmachen, die sich an ihr reibt! Die Amerikaner sind natürlich schon viel weiter. Ganz ohne UN-Sicherheitsrat. Dort bereits hat jeder einzelne Bürger ein »robustes Mandat«.

Dank cooler Waffengesetze!

4. März 2002

VERBOTEN

**Guten Tag,
meine Damen und Herren!**

Dem im östlichen Afghanistan verschanzten Restposten der al-Qaida will die US Army nun mit modernstem Bombenwerk beikommen. Weil sich die Lümmel in himalayischen Höhlen verkriechen, verwenden Amerikaner neuerdings »thermobarische Bomben« vom Typ BLU-118 S. Die thermobarische Bombe setzt bei einer ersten Explosion ein entflammbares Gemisch frei, das sich in der Zielhöhle verteilt. Eine zweite Explosion entzündet dann den Brennstoff in den betroffenen Tunneln und Labyrinthen. Bei der folgenden Schockwelle bleibt kein Auge trocken. Genau genommen bleibt überhaupt nichts übrig, wenn BLU-118 S erst einmal ihre atemberaubende Wirkung entfaltet hat.
verboten fragt: Womit kontern nun die hitzköpfigen Barbaren von al Qaida? Etwa mit einer

thermobarbarischen Bombe?

25. April 2002

VERBOTEN

**Guten Tag,
meine Damen und Herren!**

Vor der Küste des Jemen ist eine französische Yacht in die Hände von »Piraten« gefallen. Die Seeräuber hielten die wehrlose Besatzung des Bootes mit Waffen auf Distanz und bauten seelenruhig Navigationsinstrumente und den Motor aus, bevor sie sich über alle Wellenberge machten.
verboten erinnert daran, dass das Meer am Horn von Afrika gegenwärtig von der deutschen Marine im Kampf gegen den Terror kontrolliert wird.
verboten erinnert ferner daran, dass das Leben an Bord einer Fregatte bisweilen unendlich langweilig sein kann. Immer nur Minigolf und weit und breit kein Islamist, das hält doch kein Mensch auf Dauer durch! Schon gar nicht der immer zu Scherzen aufgelegte deutsche Matrose! Was läge da näher, als …

… bitte zählen Sie jetzt eins und eins zusammen.

11. November 2002

VERBOTEN

Guten Tag, meine Damen und Herren!

Afghanistan, Land der Rätsel und Wunder! Als die Sowjetunion ihre Rote Armee an den Hindukusch schickte, da wurde sie von den Mudschaheddin vertrieben. Atheisten vs. Gotteskrieger, das leuchtete ein. Den Mudschaheddin folgten bekanntlich die Taliban, die ihrerseits von der US Army in die Schranken gewiesen wurden. Und halten Sie sich fest: Eine bisher unbekannte »Rote-Mudschaheddin-Armee« hat sich zu Anschlägen auf US-Einrichtungen bekannt. *verboten* ist verwirrt und prophezeit: Wenn das so weitergeht, dann steht demnächst »Hannibals US-Muslimische Rot-Grüne Sechste Volks- und Heilsarmee aus Terrakotta« ante portas.

Und die ist unbesiegbar!

28. November 2002

VERBOTEN

Guten Tag, meine Damen und Herren!

Jassir Arafat hat die Besetzung Bethlehems durch die israelische Armee als »schwere Eskalation« bezeichnet. Dass Israel Bethlehem bis zum Jahresende zur militärischen Sperrzone erklärt habe, sei ein »internationales Verbrechen«, schimpfte der Palästinenserpräsident in Ramallah. Und zog Konsequenzen: Erstmals seit ungefähr 2000 Jahren fallen die Weihnachtsfeierlichkeiten in Bethlehem aus. Dann muss der Jesus in diesem Jahr halt woanders geboren werden. Aber wo? Gleich an Ort und Stelle: im Schoße des Vatikans? Mekka scheidet ja auch irgendwie aus. Oder in einem Formel-1-Rennstall seiner Wahl? Gemach. Arafat in allen Ehren, aber jetzt mal ganz unter uns:

Wo Weihnachten gefeiert wird, entscheidet immer noch die israelische Armee!

5. Februar 2003

VERBOTEN

**Guten Tag,
meine Damen und Herren!**

US-Außenminister Colin Powell will heute vor dem UN-Sicherheitsrat Beweise dafür liefern, dass der Irak weiterhin mit Massenvernichtungswaffen aufrüstet. Powells Präsentation der Beweise soll eine gute Stunde dauern. Powell will unter anderem vorlegen: Abschriften von abgehörten Gesprächen von irakischen Regierungsvertretern, vor allem aber Satellitenfotos von wieder aufgebauten Waffenfabriken. *verboten* fragt sich: Warum so viel technischer Aufwand mit Dia-Show, Flip-Chart, 3-D-Animationen und Ausdruckständerzern? *verboten* wartet auf den wirklich wasserdichten Beweis für das Waffenarsenal von Saddam Hussein. Sollte den Amerikanern eigentlich auch nicht schwerfallen:

**Sie haben doch sicher
die Quittungen aufgehoben!**

8. Februar 2003

VERBOTEN

**Guten Tag,
meine Damen und Herren!**

»Game over«, warnte der US-Präsident George W. Bush den irakischen Machthaber Saddam Hussein. Viele Menschen fragen sich seitdem: Welches Spiel meint dieser Kaiser Franz des unangefochtenen Tabellenführers in der Liga der Gerechten? *verboten* erklärt die Regeln:
Ball: Bombe los!
Extraball: Atombombe los!
Points: Gibt's für jeden getöteten Soldaten!
Bonuspoints: Gibt's für jeden Zivilisten!
Tilt: Vorsicht, Treffer! Hart steuerbord.
Abseits: Die Deutschen dürfen nie, nie, nie mehr mitspielen.
Aber was bedeutet nun »Game over«? Ganz einfach:

Noch einen Dollar einwerfen, und schon geht das Spiel wieder von vorne los!

17. März 2003

VERBOTEN

**Guten Tag,
meine Damen und Herren!**

Klein sind die Länder, groß die Unterschiede: Während die Schweiz auf massiven Druck aus Washington in die Knie gegangen ist und künftig alle Waffenlieferungen (Armeemesser!) in den Irak einstellen will, geht der tapfere *verboten*-Partnerstaat Belgien den Weg des höchsten Widerstands: Die Regierung in Brüssel untersagt der US-Armee die Überflugrechte über ihr Territorium. Zwar ist der belgische Luftraum vermutlich höher, als er breit ist. Und ein B1-Bomber braucht für die Durchquerung knapp 0,5 Sekunden. Trotzdem. *verboten* schließt sich diesem mutigen Vorstoß daher an und untersagt der US-Armee, seine Militärbasen zu nutzen. US-Soldaten, die sich zwischen den Zeilen verbergen, werden umgehend ausgewiesen. Und allen US-Amerikanern ist es mit sofortiger Wirkung verboten,

***verboten* zu überfliegen!**

24. September 2003

VERBOTEN

**Guten Tag,
meine Damen und Herren!**

US-Außenminister Colin Powell hat die USA als ein jüdisch-christliches Land bezeichnet. Ihm rutschte die Bemerkung während eines Interviews in einer TV-Sendung heraus. Bezüglich der US-Vorstellungen von einer künftigen irakischen Regierung erwarte er, dass der Irak »dem Glauben nach ein islamisches Land« werde, »so wie wir ein jüdisch-christliches«. Upps! An dieser Stelle unterbrach sich Powell selbst und ergänzte: »Wir sind inzwischen ein Land mit vielen verschiedenen Glaubensrichtungen.« Muslime in den USA versuchen, die Bezeichnung »jüdisch-christlich-muslimisch« zu verbreiten. *verboten* meint: Bei Licht betrachtet sind die USA sogar ein streng gläubiges, exxonistisch-daimlerchryslerresques-disneyländisch-kentuckyfriedchickenistisches Land.

Let God sort 'em out!

11. November 2004

VERBOTEN

**Guten Tag,
meine Damen und Herren!**

Die Agenturen meldeten bisher:
Am 27.10. um 22.31 Uhr: »Arafat verliert Bewusstsein«
Am 27.10. um 22.50 Uhr: »Palästinenser dementieren Arafats Bewusstlosigkeit«
Am 4.11. um 11.02 Uhr: »Arafat in Koma, Zustand ernst«
Am 4.11. um 12.16 Uhr: »Arafat liegt nicht im Koma«
Am 4.11. um 17.32 Uhr: »Arafat vor 15 Minuten gestorben«
Am 4.11. um 17.44 Uhr: »Kliniksprecher: Arafat lebt«
Am 4.11. um 17.58 Uhr: »Paris und Ramallah dementieren Nachricht von Arafats Tod«
Am 4.11. um 18.37 Uhr: »Ärzte: Hirntod bei Arafat festgestellt«
Am 5.11. um 18.07 Uhr: »Klinik: Zustand Arafats hat sich nicht verschlechtert«
Am 10.11. um 15.11 Uhr: »Letzte Vorbereitungen für Arafats Tod angelaufen« und so weiter …
verboten aber bleibt skeptisch und wartet weiter auf die Meldung:

»Arafat wieder auferstanden!«

24. Februar 2005

VERBOTEN

**Guten Tag,
meine Damen und Herren!**

Es ist ein Satz, auf den sich auch zwei Eheleute nach der Paartherapie einigen könnten: »Wir haben uns verständigt, nicht immer darüber zu sprechen, wo wir unterschiedlicher Meinung sind, sondern wo wir gemeinsamer Auffassung sind.« Gesagt hat das Bundeskanzler Gerhard Schröder, gemeint hat er damit seine erfolgreiche transatlantische Wogenglättung. Prompt revanchierte sich der US-Internist George W. Bush mit dem köstlichen Kompliment, Deutschland sei das »Herz Europas«. Bush war zuvor in Belgien (»der Blinddarm Europas«), heute reist er weiter ins slowakische Bratislava (»Bauchspeicheldrüse Europas«). Dort wird er Waldimir Putin treffen, den Präsidenten von Russland (»Leber und Milz Europas«), bevor er wieder in die USA fliegt (»Nabel der Welt«). *verboten* meint: Gut, das Gerhard und George wieder Freunde sind, beste Freunde sogar, sozusagen

ein Kopf und ein Arsch.

12. Mai 2005

VERBOTEN

**Guten Tag,
meine Damen und Herren!**

Der Bundestag stimmt heute über die Annahme der EU-Verfassung ab. Aller Voraussicht nach wird es eine Mehrheit für die Verfassung geben, denn sogar die Unionsführung hat die Fraktionen auf ein »Ja«-Wort eingeschworen. *verboten* fasst zusammen:

1) Frankreich ist – wie immer – ein Wackelkandidat, wird aber – wie immer – kollaborieren.
2) Italien hat sich – zumindest vorerst, man weiß ja nie – auch zur Verfassung bekannt.
3) Belgien ist überrannt, pardon, überredet worden, ebenfalls zu ratifizieren.
4) Österreich hat sich gestern – mal wieder – begeistert angeschlossen.

Und schon unken Unken, damit wäre die Achse für ein Kern-Europa komplett. Das ist unhistorisch und taktlos, denn:

Jetzt fehlt noch Japan.

13. Mai 2005

VERBOTEN

**Hurra,
meine Damen und Herren!**

Yippie, wir sind drin. Wir haben die Verfassung, hurra, heißa, hopsassa! Wir sind Europa! Yeah, yeah, yeah! Olé, olé, olé, olé, Super-Europa, olé! Geil, Europa, wir kommen! Jetzt geht's lo-os, jetzt geht's lo-os! Brüssel, Brüssel, wir fahren nach Brüssel! Hurra! Einer geht noch, einer geht noch rein! We are the Champions, we are the Champions! Eu-ro-pa, wir lieben dich! Und jetzt bitte alle aufstehen. Die Hymne:

Europa, Europa über alles,
Über alles in der Welt,
Wenn es stets zu Schutz und Trutze
Brüderlich zusammenhält,
Von der Maas bis an die Memel,
Von der Etsch bis an den Belt –
Europa, Europa über alles,
Über alles in der Welt!

10. März 2006

VERBOTEN

**Guten Tag,
meine Damen und Herren!**

Im Konflikt um sein Atomprogramm will *verboten* dem internationalen Druck trotzen: »Einige Mächte denken, sie könnten *verboten* zum Rückzug zwingen«, sagte *verboten* gestern auf einer Kundgebung in Berlin und stellte klar: »Nuklearenergie ist unser unverweigerbares Recht, die Zeit für die Macht von *verboten* ist gekommen.« Am Tag nach der Überweisung des Streits an den UNO-Sicherheitsrat bekräftigte *verboten* sogar noch seine starre Haltung: Die Seite-1-Rubrik werde keinerlei »Demütigung« hinnehmen: »Die USA wissen, dass sie *verboten* nicht den geringsten Schlag versetzen können, weil sie *verboten* brauchen«, erklärte *verboten*, offenbar in Anspielung auf seinen ungeheuren Witzreichtum. *verboten* werde also auch in Zukunft eigenhändig Uran anreichern, frei nach dem Motto:

We put the »fun« back into fundamentalism!

21. März 2006

VERBOTEN

**Guten Tag,
meine Damen und Herren!**

Bei den Wahlen in Weißrussland hat am Sonntag die überwältigende Mehrheit für den bisherigen Amtsinhaber und lupenreinen Autokraten Alexander »Lucky« Lukaschenko gestimmt, während die wieder einmal überwältigte Minderheit weiter in die Röhre guckt. Oppositionelle hocken jahrelang in Haft, und wer den Herrschenden irgendwie besonders blöd kommt, kommt um. Klare Verhältnisse! Trotzdem sind manche Menschen verunsichert, fragen: Kann man überhaupt noch Urlaub in oder Geschäfte mit Weißrussland machen? Eine schwierige moralische Frage. Die beruhigende Antwort steht auf der Homepage des Auswärtigen Amtes und lautet lapidar:

»Deutschland ist mit circa 6 Prozent Anteil am Außenhandelsumsatz wichtigster westlicher Handelspartner von Weißrussland.«

6. Juli 2006

VERBOTEN

Na sdarowje, meine Damen und Herren!

Heute wird der russische Präsident Putin brisante Fragen seiner Untertanen beantworten. Toll! Möglich macht's das Internet, das Vehikel für Demokratie, Transparenz und Fragen wie:
»Haben Sie schon einmal Marihuana geraucht?«
»Wann, warum und wo hatten Sie wie und mit wem erstmals Sex, und wie war's?«
»Können die russischen Grenzen mit humanoiden Robotern verteidigt werden?«
»Wenn der auf dem Meeresgrund schlafende Riesenkrake Cthulhu erwacht, was dann?«
Könnte in Russland online gewählt werden, würden die Russen vielleicht bald von einem bekifft dreinschauenden, sexbesessenen und humanoiden Riesenroboterkraken regiert werden!

Wie jetzt auch schon.

21. Juli 2007

VERBOTEN

Guten Tag, mein liebes US-Militär!

Du brauchst mehr Zeit für eine Einschätzung der Lage im Irak? »Um eine wirklich gute Einschätzung abgeben zu können«, sagte gestern der zweithöchste US-Kommandeur im Irak, Raymond Odierno, »benötige ich Zeit bis November.« Hm. Damit's nicht ganz so lange dauert, hier eine kleine Handreichung von *verboten*: Der Irak ist ein großteils arabischer Staat in Vorderasien. Er grenzt an Kuwait, Saudi-Arabien, Jordanien, Syrien, die Türkei, Iran sowie den Persischen Golf und gilt als nicht ungefährlich (Malaria, Sonnenbrand, Langeweile). Im Sommer kann's warm werden, im Winter kalt. Wenn das zur Einschätzung nicht reicht, US-Militär, dann frag doch einfach einen Amerikaner vor Ort.

Dort laufen ja genug herum.

5. November 2007

VERBOTEN

**Guten Tag,
meine Damen und Herren!**

Bei einem Blitzbesuch in Deutschland hat Bundeskanzlerin Angela Merkel der Regierung in Berlin stärkere Unterstützung beim Aufbau der Sicherheitskräfte zugesagt. Merkel traf Bundesinnenminister Schäuble und stellte mehr Geld für die Polizeiausbildung in Aussicht. Sie wolle in den Haushaltsberatungen prüfen, welche Spielräume es dafür gebe. Einen dauerhaften Einsatz der Bundeswehr im Innern des Landes lehnte sie erneut ab. Der Besuch fand unter schärfsten Sicherheitsvorkehrungen und äußerster Geheimhaltung statt. Er wurde erst nach der Landung Merkels in Berlin bekannt gemacht. Am Sonntag flog Merkel nach Afghanistan zurück.

Dort wartet richtige Arbeit auf sie!

12. Dezember 2007

VERBOTEN

**Guten Tag,
meine Damen und Herren!**

Nicolas Sarkozy und sein neuer Spielkamerad, der libysche Revolutionsführer Muammar al-Gaddafi, haben sich etwas Feines ausgedacht: eine Mittelmeerunion! Denn das Mittelmeer ist, wie Gaddafi bei seinen Strandspaziergängen angesichts der traurig plätschernden Wellen erkannt hat, derzeit »nicht in guter Verfassung«, oft schwimmen illegale Wasserleichen darin herum. Eklig! Eine Mittelmeerunion könne hier Abhilfe schaffen, so Sarkozy. Gaddafi kann sich sogar »eine gemeinsame Währung« vorstellen, um das Mittelmeer wieder in ein »Meer des Friedens und der Stabilität« zu verwandeln. Tolle Idee! Hat ja schon mal geklappt, so eine Mittelmeerunion, wenn auch unter dem blöden Namen

IMPERIVM ROMANVM

2. Januar 2008

VERBOTEN

**Guten Tag,
meine Damen und Herren!**

»De mortuis nil nisi bene«, sagt sich *verboten* fast täglich und verkneift es sich daher, kübelweise Häme und Spott über Verstorbene auszuschütten. Geht es um Benazir Bhutto, Allah hab' sie selig, muss *verboten* sich doch sehr wundern. Wenn es stimmt, was man derzeit überall liest, dann war die schon zweimal wegen Korruption aus dem Amt gekegelte Exregierungschefin und Parteiführerin »auf Lebenszeit« eine pakistanische Mischung aus Mutter Teresa, Hillary Clinton, Jeanne d'Arc und Alice Schwarzer. *verboten* weist kleinlaut darauf hin, dass Bhutto mit einer Brille von Coco Chanel für 899 Euro auf der Nase aus dem Leben schied. Was das bedeutet? Ach, nichts. Jetzt setzt *verboten* ganz auf den Sohn.

Der bescheidet sich mit Giorgio Armani.

26. August 2008

VERBOTEN

**Guten Tag,
meine Damen und Herren!**

Endlich! Die Krise im Kaukasus kann weitergehen! Beide Kammern (und wahrscheinlich sogar die Abstellkammer) des russischen Parlaments haben die Unabhängigkeit von Südossetien und Abchasien von Georgien anerkannt. Auch Präsident Medwedjew, der den Beschluss noch abnicken muss, hatte zuletzt deutliche Sympathien für das Streben Abchasiens und Südossetiens nach Unabhängigkeit gezeigt. *verboten* fragt sich ernsthaft: Welcher gottverlassene Landstrich darf sich wohl als Nächstes über die Anerkennung seiner Unabhängigkeit durch Russland freuen? Kurdistan? Katalonien? Wales? Hawaii? Das Saarland? Oder das Kosovo?

Nein, halt: Das mit dem Kosovo waren ja wir …

24. Oktober 2008

VERBOTEN

**Guten Tag,
meine Damen und Herren!**

Die spanische Regierung ist verärgert darüber, dass Ministerpräsident José Luis Rodríguez Zapatero nicht zum Weltfinanzgipfel der 20 größten Industriestaaten (G 20) eingeladen wurde. Spanien sei die achtgrößte Wirtschaftsmacht der Welt und dürfe von dem Treffen am 15. November in Washington nicht ausgeschlossen werden, betonte der Regierungschef. Zapatero will nach Presseberichten vom Donnerstag mit bilateralen Kontakten erreichen, dass er nachträglich doch noch eine Einladung zu dem Gipfel erhält. Falls das nicht klappt, erwägt Zapatero, eine bewaffnete Flottille dreimastiger Karavellen auf den Seeweg nach Westindien zu schicken:

Hat ja schon einmal geklappt.

19. November 2008

VERBOTEN

**Guten Tag,
meine Damen und Herren!**

Während hierzulande die Ganoven noch ganz klassisch Tankstellen überfallen, sind die Kollegen in Somalia schon einen Schritt weiter. Nach dem Motto »Think global, act local« haben die dreisten Halunken vom Horn kurzerhand den saudischen Superdupertanker »Sirius Star« gekapert und sind damit postwendend heimgeschippert. Das Schiff hat nach Angaben aus Saudi-Arabien zwei Millionen Barrel Öl mit einem Marktwert von 100 Millionen US-Dollar geladen – ein Viertel dessen, was in Saudi-Arabien täglich an Öl gefördert wird. *verboten* fragt sich besorgt: erst Tankstellen, dann Tanker, was kommt als Nächstes? Werden bald ganze Ölfelder besetzt?

Unsinn. Das ist doch schon längst passiert.

20. Dezember 2008

VERBOTEN

**Guten Tag,
meine Damen und Herren!**

Rechtzeitig zum Fest der Liebe startet *verboten* seine neue Reihe »Alle feiern – *verboten* rettet die Welt!«. Heute: der Nahostkonflikt. *verboten* fragt: Worin sind die Palästinenser im Gazastreifen eigentlich so richtig gut im Sinne von Weltklasse? Ganz klar, im Tunnelbau von Gaza nach Ägypten! Mit schaufelförmigen Händen maulwurfgleich Erdreich abtragen – das können sie! Deshalb sollten Palästinenser weltweit in Erdbebengebieten eingesetzt werden, wo wir dann Szenen wie diese erleben dürfen: »Sind die Spürhunde schon eingetroffen?« – »Ja, aber wir warten noch auf die Palästinenser!« Nebenbei: Im Eigenbau von Raketen sind sie natürlich auch unschlagbar. Hm. *verboten* freut sich schon auf

das palästinensische Raumfahrtprogramm.

26. Januar 2009

VERBOTEN

**Guten Tag,
meine Damen und Herren,
liebe Welt!**

Die Vereinigten Staaten von Amerika, Ihr bewährter Provider für Ideale wie Freiheit und Demokratie, möchten sich hiermit für den totalen Service-Ausfall im Zeitraum von 2001 bis 2008 entschuldigen. Inzwischen ist es uns gelungen, den technischen Fehler zu lokalisieren. Sämtliche Teile, die für diesen Fehler verantwortlich waren, sind am 20. Januar 2009 ausgewechselt worden. Erste Tests der neu installierten Komponenten in der vergangenen Woche deuten darauf hin, dass das System nun wieder einwandfrei funktioniert. Wir möchten uns für alle Unannehmlichkeiten entschuldigen und bedanken uns für Ihr Verständnis und Ihre Geduld.

Herzlich, Ihre USA.

7. März 2009

VERBOTEN

**Guten Tag,
meine Damen und Herren!**

Gesundheitsreform, Finanzwesen, Außenpolitik – bei all diesen Problemen eigentlich kein Wunder, dass die schwarzen Haare von US-Präsident Barack Obama schon kurz nach seinem Amtsantritt schlohweiß geworden sind. Schließlich hat der Mann allerhand zu tun und kolossale Krisen zu meistern, lastet auf seinen Schultern doch nichts Geringeres als die Zukunft des Abendlandes. Dazu kommt seine noch immer nicht überwundene Nikotinsucht – und das in einem absolut kippenfreien Haushalt! *verboten* hat Verständnis und gibt Obama einen kleinen Tipp: In seinem Schreibtisch im Oval Office liegt ganz hinten in der untersten Schublade noch eine alte

Packung Lucky Strike von Lyndon B. Johnson.

6. April 2010

VERBOTEN

**Guten Tag,
meine Damen und Herren!**

Die Bundeswehr in Afghanistan braucht aus Sicht von Exverteidigungsminister Volker Rühe (CDU) eine bessere Ausrüstung. Gegenüber *verboten* hat Rühe sein Anliegen erläutert: »Unsere Soldaten sind dort nur in diese Lage geraten, weil sie nicht mit modernen Protonentorpedos ausgerüstet sind. Wir brauchen auch diese riesigen humanoiden Kampfroboter, die innen drinnen von einem Soldaten gesteuert werden. Fein wäre auch eine gentechnisch manipulierte Eierlegende Wollmilch-Kampfsau, die Mohnfelder abgrast« – zumindest solange die kleinmütige Ministerialbürokratie in Berlin kein Geld rausrückt für einen

echten Todesstern.

22. Juli 2010

VERBOTEN

**Guten Tag,
meine Damen und Herren!**

Derzeit wird, warum auch immer, auf Teufel komm raus exhumiert. Nicht Hinz und Kunz werden wieder ans Tageslicht geholt, sondern Typen wie Nicolae Ceausescu. Der »Vater« Rumäniens wurde wieder ausgebuddelt, um nachzuschauen, ob er auch wirklich noch tot ist. Und neulich hat erst der venezolanische Präsident Hugo Chávez die ewige Ruhe von Simón Bolívar gestört, dem »Vater« von Ecuador, Venezuela, Kolumbien und Bolivien – um rauszufinden, woran der Mann gestorben ist, auf den Chávez sich alle fünf Minuten beruft. Diese Exhumierung war für die Beteiligten extrem gefährlich, denn bekanntlich rotiert

Bolívar in seinem Grab.

2. Dezember 2010

VERBOTEN

**Guten Tag,
meine Damen und Herren!**

Alle wollen Wikileaks-Chef Julian Assange an den Kragen! Angesetzt auf die mit internationalem Haftbefehl gesuchte coole Sau sind nach *verboten*-Informationen neben Interpol, CIA und Schweden ferner:

- Lena Odenthal
- James Bond
- Das A-Team
- Kurt Wallander
- Lara Croft
- Kitt, das sprechende Auto
- Kommissar Rex
- Die Braut aus »Kill Bill«
- Cem Özdemir
- Die spanische Inquisition
- Sebastian Heiser
- Inspektor Clouseau
- Heiner Geißler

Das mag hart klingen, aber das

Leck heiligt die Mittel.

22. März 2011

VERBOTEN

Liebes Deutschland,

darf ich wagen, dir ein Krieglein anzutragen? Ach Zeitenlauf, was soll die Frage? Ich hab gerade meine Tage, und es ist mir einerlei, wenn drüben in der Rummstürkei die Völker aufeinanderschlagen. Kannst du nicht jemand anders fragen?
Die Briten sind mir zu pompös, der Franzose hätt's gern glamourös, der Ami steht auf Glorie, nur du bist durch Historie und Guido Knopp in Überlänge gereift in stiller Sittenstrenge.
Öhm, okay, so auf die Schnelle tut es auch der Westerwelle und ihm hinterher das Heer, natürlich nur

humanitär!

11 Wirtschaft und Umwelt

30. März 2001

VERBOTEN

**Guten Tag,
meine Damen und Herren!**

Nur als kleine Absicherung: So weit wir in dieser Zeitung Prognosen oder Erwartungen äußern oder unsere Aussagen die Zukunft betreffen, können diese Aussagen mit bekannten und unbekannten Risiken und Ungewissheiten verbunden sein. Die tatsächlichen Ergebnisse und Entwicklungen können daher wesentlich von den geäußerten Erwartungen und Annahmen abweichen. Neben weiteren, hier nicht aufgeführten Gründen können sich eventuelle Abweichungen aus Veränderungen der allgemeinen wirtschaftlichen Lage und der Wettbewerbssituation, vor allem in *taz*-Kerngeschäftsfeldern und -märkten, ergeben. Da staunen Sie, was? Dass wir so vorsichtig sind. Na ja, man kann ja nie wissen. Und: Heutzutage macht man das so.

Haben wir von der Allianz gelernt.

22. Januar 2002

VERBOTEN

**Guten Tag,
meine Damen und Herren!**

Die riesigen Kapitalströme, die sich täglich über den Erdball wälzen, haben sich längst von der Realwirtschaft abgekoppelt. Allein im Jahr 2000 flossen rund 4000 Milliarden Dollar über den Globus, schreibt die Deutsche Bundesbank in ihrem Januarbericht. Wir sehen gleißende Bilder von goldenen Flüssen, die sich wogend und brandend zu gigantischen Ozeanen vereinigen, Ozeanen, die uns locken, uns hineinzustürzen … Aus dem Off ertönt »Lucy In The Sky With Diamonds«, während wir uns am Silberstrand ausruhen und ein oscarreifes Drehbuch zu einer opulenten Verfilmung von Karl Marx' »Kapital« entwerfen. Die Harzflüsse Selke, Bode, Ilse und Holtemme weisen höhere Pegelstände auf, meldet dpa, und wir hören den unendlichen Zaster schon auf uns zurauschen.

Nur immer her damit.

20. Februar 2002

VERBOTEN

Buon giorno, signore e signori!

Gestern erreichte das *verboten*-Team eine erschütternde Meldung: Italienische Fluglotsen sprächen zu schlecht Englisch, um sich mit ausländischen Piloten sicher verständigen zu können. *verboten* gelang es jetzt, den Funkverkehr zwischen einem Flugzeug und dem Tower des römischen Aeroporto Leonardo da Vinci mitzuschneiden: »Ragazze, come down from sse air slowly. No, no, no! Not sso fast! Take care. Sse air is azzurro, ma sse wind is wery forza and dangerous. Don't you see sse osser airplane? Vafancullo! Wait, we have contact to the other aeroplano. Allora, brake sse rotelle. O, no, ssis was sse wrong informatione. You don't understand? No capisce? Que cosa faccio? Mamma mia, ssat was knapp, very knapp.«

***verboten* fordert eine neue Lingua franca für die Lüfte: Latein!**

15. März 2002

VERBOTEN

Guten Tag, meine Damen und Herren!

Zauberhafte Cebit: Die kühnsten Träume der Telekommunikationsbranche. Sachen gibt's da, die gibt's gar nicht! Zumindest noch nicht! Mobiltelefone mit eingebauten Kameras! Kameras mit eingebauten Mobiltelefonen! IT! UMTS! GPS! Schröder! Schtoiber! Und alles zum Anfassen, Begrapschen, Kaputtmachen! Die erstaunlichste Innovation aber ist papierdünn, mehrfach beschreibbar, bebildert, faltbar, mit-in-die-Badewanne-nehmbar und steckt jeden Morgen frisch im Briefkasten, randvoll mit coolem Content: It's not a trick.

It's a Tageszeitung!

8. Mai 2002

VERBOTEN

**Guten Tag,
meine Damen und Herren!**

Haben Sie auch damals, als Sie in den Achtzigerjahren zur Tchibo-Bande gehörten, eine falsche Rolex im Kaffeeausschank erworben? Um mit dem kopierten Klunker bei Ihren Freunden anzugeben? Die leider sofort erkannten, dass die Uhr eine Fälschung war? Damit ist nun Schluss! Tchibo verkauft jetzt echte Rolex-Uhren. Wenn auch nur 20 Stück. Dafür zum sagenhaften Stückpreis von 2002 Euro. Greifen Sie zu! Werden auch Sie zu einem echten Rolex-Träger! Die schimmernden Chronometer gehören zu den begehrtesten Schmuckstücken unserer Zeit. Besonders bei jenen Herrschaften, die in rot beleuchteten Lokalen ihrer Arbeit nachgehen. Jetzt fehlen Ihnen nur noch eine Jogginghose, eine Bomberjacke, ein Pferdeschwanz, eine blau getönte Brille und ein amerikanischer Straßenkreuzer.

Fragen Sie doch mal bei Tchibo.

28. Juni 2002

VERBOTEN

**Guten Tag,
meine Damen und Herren!**

Schlechte Nachrichten für Ihre Zahngesundheit: Professor Doktor Best (78) ist tot. Seit 1988 presste er im Werbefernsehen seine Zahnbürste gegen eine Tomate. Ausgepresst. Eine weitere ewig geglaubte Konstante unseres Lebens ist für immer verschwunden. Mit Wehmut lesen wir jetzt in den Nachrufen: Prof. Dr. Best hieß mit Vornamen James E. Bis 1993 lehrte er an der Universität Loyola (Illinois, USA). Daneben war er zwölf Jahre lang Chefarzt in der der Universität angeschlossenen Zahnklinik. Prof. Dr. Best starb in Chicago an einer Krebserkrankung. *verboten* wird Prof. Dr. James E. Best ein ehrendes Andenken bewahren. Umso ehrender, als wir ihm bisher doch großes Unrecht getan haben:

**Wir dachten immer,
den gibt's gar nicht.**

9. November 2002

VERBOTEN

Guten Tag, meine Damen und Herren!

In seinem juristischen Kampf gegen den Süßwarenhersteller Masterfood hat der zuckerkranke Richter H. J. Brinkmann vor einem Gericht erneut irgendeinen Rückschlag einstecken müssen. Das Naschkätzchen macht seinen exzessiven Konsum von »Mars« und »Snickers« für die Erkrankung und sein vom vielen Zucker ruiniertes Gebiss verantwortlich. *verboten* unterstützt den heldenhaften Diabetes-David und verklagt jetzt eifrig mit: den Turnschuhhersteller Adidas, wegen Schweißfüßen. Die Coca-Cola-Company, weil Cola light immer noch nicht schmeckt. Das Internet wegen seiner Unübersichtlichkeit. Die Sonne, weil sie nachts nicht scheint.

Und sich selbst, weil's Spaß macht und schmeckt!

29. November 2002

VERBOTEN

Guten Tag, meine Damen und Herren!

Ein Missverständnis! Kann ja mal passieren! Israel wollte sich von Deutschland nicht die defensiven »Fuchs«-Spürpanzer ausborgen, sondern den aggressiven »Fuchs«-Truppentransporter.
Na so was. Es gibt also offenbar eine umfangreiche »Fuchs«-Produktpalette, von der uns bisher niemand etwas gesagt hat. Was hat Peter Struck denn sonst so im Schrank? »Fuchs«-Nervengift? »Fuchs«-Abwehrraketen? Ein Rudel tollwütiger »Füchse«? Und: Was davon haben die Israelis jetzt gemeint? Man habe, präzisierte nun ein Armeesprecher, lediglich Laubsägearbeiten größeren Umfangs durchzuführen und benötige dafür vernünftiges Werkzeug. Deshalb bestehe Israel auf der prompten Lieferung

deutscher »Fuchs«-Schwänze.

30. September 2003

VERBOTEN

**Guten Tag,
meine Damen und Herren!**

Stromausfälle in den USA, in London, in Skandinavien und nun auch in Italien, wegen Ausfällen in der Schweiz! Nach den bestürzenden Bildern verdunkelter Metropolen fragen sich viele Menschen: »Kann das auch in Deutschland passieren? Ist vorgesorgt? Wie kann ich mich schützen? Und wo ist der Lichtschalter?« Joachim Vanzetta, Leiter der Systemführung beim Netzbetreiber RWE, findet beruhigende Worte: »Ein landesweiter Stromausfall wie in Italien ist in Deutschland sehr unwahrscheinlich«, und anders als Italien sei Deutschland nicht von Stromimporten abhängig. *verboten* hat recherchiert: Ökostrom? Okay. Atomstrom? Alles bestens. Windkraft? Roger! Sorgen macht uns nur der historische Tiefstand unseres Schicksalsstroms – wir beziehen ihn

komplett aus der Schweiz!

23. Dezember 2003

VERBOTEN

**Guten Tag,
meine Damen und Herren!**

Volkswagen hat Bauchschmerzen wegen des Golf V. »Natürlich würden wir gerne mehr verkaufen«, erklärte ein Konzernsprecher zur mangelnden Nachfrage nach dem beliebten Automobil (»Generation Golf«, »Generation Golf 2«, »Generation Golf GTI«). Vom Vorgängermodell unterscheidet sich der Golf V vor allem durch ein größeres VW-Symbol – und extrem pfiffige Werbesprüche: Der verbesserte Supergolf könne, so schallte es von den Plakaten der Republik,
... jetzt auch geradeaus fahren,
... jetzt auch in Kurven reinfahren,
... jetzt auch aus Kurven rausfahren,
... jetzt auch anhalten.
verboten hat es sich nicht nehmen lassen, dieses Wunderding zu testen. Ausgiebig bestaunten wir ihn im Schaufenster und stellten fest, dass die wichtigste Neuerung gar nicht beworben wurde. Der neue Golf – Wahnsinn! – kann

... jetzt auch ladenhüten!

18. Oktober 2004

VERBOTEN

**Guten Tag,
liebe türkische Armee!**

Sie wollen 350 gebrauchte Kampfpanzer vom Typ Leopard II erwerben? *verboten* rät ab und mahnt: Augen auf beim Panzerkauf! Fragen Sie sich vorher: Brauche ich wirklich 1 500 PS? Wen will ich damit beeindrucken? Vor Abschluss eines Kaufvertrages sollten Sie auf jeden Fall immer eine ausführliche Probefahrt machen. Wenn der Motor nur schwer anspringt, das Getriebe hakt oder die Stereoanlage Ihre Lieblingskassetten frisst, sollten Sie sich nicht mit Floskeln abspeisen lassen wie »Der wurde lange nicht gefahren« oder »Das ist bei dem Modell immer so«. Vorsicht auch bei Aussagen wie »Ich verkaufe den Panzer für einen Bekannten« oder »Interessierte Kreise wollen Panzer verkaufen, ohne dass dafür ein realer Hintergrund existiert« (Claudia Roth). Nehmen Sie diese interessierten Kreise (Gerhard Schröder) genau in Augenschein. Würden Sie dem Typ einen Gebrauchtwagen abkaufen?

Eben.

26. Januar 2005

VERBOTEN

**Guten Tag,
meine Damen und Herren!**

Die Feldzüge zur Befreiung und Befriedung von Irak und Afghanistan werden für die USA teurer als geplant. George W. Bush muss nun zusätzliche Schulden in Höhe von 80 Milliarden Dollar machen, damit seinem »Krieg gegen die Achse der Vorposten des Terrors mit Massenvernichtungswaffen« nicht unterwegs der Sprit ausgeht. Kein Grund für Häme, denn die USA befinden sich in bester Gesellschaft: Hartz IV ist um 6,2 Milliarden Euro, der Airbus A 380 um 1,4 Milliarden, die Gesundheitskarte um 1,4 Milliarden, der BND-Umzug in die Hauptstadt um 150 Millionen, der Ausbau des Betzenbergs in Kaiserslautern um 16 Millionen, die Versiegelung des Unglücks-Reaktors von Tschernobyl um 210 Milliarden, die Olympischen Spiele 2004 um 1,4 Milliarden, sogar der Billigtarif der Telekom ist um zwei Cent »teurer geworden als geplant«. So ist das eben in der Marktwirtschaft! *verboten* fragt trotzdem:

Wer plant eigentlich?

19. Mai 2005

VERBOTEN

**Guten Tag,
meine Damen und Herren!**

In einer ungewöhnlich flammenden Rede vor Aktionären hat gestern Josef Ackermann vehement Partei für den Kapitalismus ergriffen und eindeutig Stellung gegen seine Kritiker bezogen: »Der Aufschwung, den wir dringend brauchen, entsteht so nicht, ganz im Gegenteil«, verkündete der Vorstandschef auf der Heuschreck-, Pardon, Hauptversammlung der Deutschen Bank. Unter dem tosenden Applaus seiner Aktionäre stellte Ackermann kühl fest, dass die »beschämende« Kapitalismuskritik keinen einzigen Arbeitsplatz geschaffen habe. »Deutschland braucht eine starke Deutsche Bank«, betonte Ackermann mit Mut zur unbequemen Wahrheit – um sich dann aber unerwartet konziliant zu zeigen: »Die Deutsche Bank braucht auch ein prosperierendes Deutschland.« Aber natürlich braucht sie das.

Wie der Parasit den Wirt.

31. Dezember 2005

VERBOTEN

**Guten Tag,
meine Damen und Herren!**

Der Gasstreit zwischen Russland und der Ukraine: keine Einigung in Sicht. Die Ukraine will nicht ab 1. Januar das fast Fünffache des bisherigen Gaspreises bezahlen. Die Russen wollen Geld – und warnen die Ukrainer davor, sich einfach aus der Gasleitung zu bedienen. Interessiert Sie nicht? Alles weit weg, sagen Sie? Fakt ist: Die Ukrainer werden am 1. Januar nicht ohne Gas bleiben – die holen sich, was sie brauchen, aus der Pipeline. Aber unsere Gasheizung wird nicht mehr anspringen. Und verlassen Sie sich nicht auf die deutschen Gasreserven: alles längst verkauft. Fakt ist aber auch: *verboten* hilft. Schneiden Sie jetzt diese Kolumne aus und falten Sie sie zu einem Brikett. Kaufen Sie weitere Ausgaben dieser *taz* und verarbeiten Sie weitere Kolumnen.

Schön warm wird es schon ab 10 000 *verboten*.

4. August 2006

VERBOTEN

Guten Tag, meine Damen und Herren!

Haben auch Sie sich bereits gefragt, warum *verboten* bisweilen nur mit reduzierter Kraft läuft und manchmal spürbar weniger Pointen liefert als sonst? Jedenfalls besteht keinerlei Grund zur Beunruhigung der Bevölkerung – ungeachtet gewisser Gerüchte, die über Deutschlands »einzige nuklearbetriebene Seite-1-Rubrik« so im Umlauf sind: Wegen einer undichten Humorleitung an einer Witz-Turbine sei der zweite Block von *verboten* vorsichtshalber abgeschaltet worden; weil *verboten* ohne Kalauer-Kühlturm arbeite, sei es auf Spreewasser angewiesen … all das ist natürlich Quatsch. *verboten* ist und bleibt die fortschrittlichste und sicherste Spaßquelle, wo gibt.

Wir spalten heiter weiter!

8. Februar 2007

VERBOTEN

Guten Tag, deutsche Autoindustrie!

Das sind die klimafreundlichsten Dieselfahrzeuge, die neu zu kaufen sind (eure Drei-Liter-Autos VW Lupo und Audi A2 baut ihr ja nicht mehr): Citroën C1 55 HDi (4,1 l/100 km), Citroën C2 70 HDi (4,2 l), Citroën C3 70 HDi (4,3 l), Fiat Panda 1.3 (4,3 l), Fiat Punto 1.3 (4,5 l), Citroën C3 110 FAP (4,5 l), Fiat Grande Punto 1.3 (4,6 l), Citroën C3 Pluriel 70 HDi (4,7 l), Citroën C4 110 FAP (4,7 l), Dacia Logan 1.5 dCi (4,7 l)
Und hier die besten Benziner: Toyota Prius Hybrid (4,3 l), Honda Civic Hybrid (4,6 l), Citroën C1 1.0 (4,6 l), Peugeot 107 70 (4,6 l) Toyota Aygo 1.0 (4,6 l), Smart Fortwo (4,7 l), Daihatsu Cuore 1.0 (4,8 l), Daihatsu Trevis 1.0 (4,8 l), Kia Picanto 1.1 (4,9 l).
Wie, was? Ach so, genau:

Dafür sind wir Deutsche Handballweltmeister.

24. Februar 2007

VERBOTEN

**Guten Tag,
meine Damen und Herren!**

Die Lage ist ernst nach dem jüngsten Klimabericht. Aber: »Die Erde ist noch zu retten« (*SZ*). Genauer gesagt: »Wir haben nur noch 13 Jahre, um die Erde zu retten!« (*Bild*). Jetzt aber handelt *verboten*. Zusammen mit *Bild* und *SZ* ruft *verboten* die einzigartige Aktion ins Leben: EIN FURZ FÜR RINDER! Retten auch Sie das Klima – ohne die armen Rinder abzuschlachten. So geht's: Sammeln Sie Rinderfürze. Am besten in verschließbaren Plastikbeuteln. Bringen Sie das böse Methan vorbei. Und: Wir entsorgen die Fürze im Endlager Gorleben!

***verboten* ist die erste und einzige ökostalinistische Seite-1-Rubrik Deutschlands!**

26. Juni 2007

VERBOTEN

**Guten Tag,
meine Damen und Herren!**

verboten galt lange als umweltfreundlichste Kleinkolumne aus deutscher Produktion. Anders als andere, zeilenfressende Großkolumnen (zum Beispiel »Streiflicht«) zeichnete sich *verboten* immer durch extrem leichten Satzbau und vorbildliche Witzarmut aus, der geregelte Drei-Pointen-Katalysator sorgte in Kombination mit extremer Windschlüpfrigkeit und Hybridantrieb für sensationell niedrige Kalauer-Werte. So weit, so grün. Nun aber enthüllte ein schwedischer Rubrikentest, wie gemein sich *verboten* sein Öko-Siegel erschlichen hat: keine Klimaanlage, kein Seitenaufprallschutz, kein ABS, kein Lenkrad, keine Sitze, kein Gaspedal, kein Motor, kurzum:

***verboten* ist absolut tödlich!**

18. Juli 2007

VERBOTEN

**Guten Tag,
meine Damen und Herren!**

Wenn wir ehrlich sind, dann haben wir ihn im Rückspiegel längst heranrasen sehen, diesen fiesen, gelben Sportwagen mit Lichthupe und links (!) gesetztem Blinker. Jetzt hat er uns offenbar schneller überholt, als wir gucken konnten: »Wahrscheinlich schon vor ein paar Monaten«, so der Ökonom Stephen Green aus Schanghai, habe China unsere wacker mit Autobahnrichtgeschwindigkeit dahintuckernde Bundesrepublik als Wirtschaftsmacht hinter sich gelassen. Wir sehen nur noch die Rücklichter. Der Schock sitzt tief. *verboten* kann sich nur Konfuzius anschließen und den Vollgas-Chinesen hinterherrufen:

**»Fahrt nicht schneller,
als euer Schutzengel fliegt!«**

19. Dezember 2007

VERBOTEN

**Guten Tag,
meine Damen und Herren!**

Die Entscheidung für einen massiven Ausbau des Frankfurter Flughafens provoziert Umweltschützer und Opposition. Entgegen bisherigen Plänen sollen auch nachts Maschinen starten und landen dürfen.
Na und? *verboten* erklärt sich mit Hessens Ministerpräsident Roland Koch (CDU) solidarisch, denn selbstverständlich wird auch auf dem *verboten*-Flughafen nachts gearbeitet. Geplant ist sogar die Erweiterung zum weltweiten Gag-Drehkreuz sowie ein baldiger Ausbau der Startbahn für die lange Anlaufzeit besonders schwer verständlicher Scherze. Der Wald muss dem Fortschritt weichen, auch für die neuen Großraumwitze mit maximierter Pointenzahl!

Auch wenn die nicht immer gut ankommen.

2. Juli 2008

VERBOTEN

**Guten Tag,
meine Damen und Herren!**

Glückwunsch! Der Dax wird 20 Jahre alt! So alt werden Daxe eher selten. In Frankfurt am Main allerdings hielt sich die Feierlaune in engen Grenzen: Der Dax rutschte pünktlich zu seinem Geburtstag um zwei Prozent nach unten. Finanzkrise, ick hör dir trapsen? Nun, der Dax gräbt sich im Waldboden einen Bau, der einen Durchmesser von 30 Metern haben kann. In etwa fünf Meter Tiefe liegt der Wohnkessel, der über zahlreiche Gänge mit der Oberfläche verbunden ist. Analysten weisen darauf hin, dass ein in England untersuchter Daxbau 50 Kammern und 178 Eingänge hatte, die durch Tunnel von insgesamt 879 Meter Länge verbunden waren. Irgendwo dort unten wird sich der Dax garantiert erholen.

Spätestens in der Winterruhe.

6. Oktober 2008

VERBOTEN

**Guten Tag,
meine Damen und Herren!**

Aus gegebenem Anlass (Krise!) hat *verboten* heute mal ein klitzekleines Glossar (Wirtschaft!) zusammengestellt, damit auch weniger börsennotierte Leserinnen und Leser ab heute lautstark mitjammern können:
DAX: Deutscher Aktienindex, scheu, bedroht.
Finanzwelt: Beliebtes Fantasy-Spiel im Stil von »Dungeons & Dragons«, nur in echt.
Liquidität: Gegenteil von Solidität.
Freie Marktwirtschaft: Laut Leonard Cohen eine besondere Form von »magischem Realismus«.
Rendite: So was wie Rente, nur noch unsicherer.
Spareinlagen: Besonders wichtig bei Senk- oder Spreizfüßen, daran sollte man nicht sparen!

verboten: sind alle Zweifel am Kapitalismus.

24. November 2008

VERBOTEN

Guten Tag, meine Damen und Herren!

Monatelang kauerten die »Wirtschaftsweisen« auf spitzem Stroh in ihren zugeschneiten Höhlen und Erdlöchern im Erzgebirge, bevor die rauschebärtigen Finanzzausel in ihren Fellklamotten am Sonntag endlich wieder vor die deutsche Öffentlichkeit traten und das erschreckende Ergebnis ihrer einsamen Grübeleien präsentierten: Es droht die Deflation! Ein Teufelskreis aus sinkenden Preisen und zaudernden Verbrauchern! Armer Kapitalismus! *verboten* dokumentiert die düstere Prophezeiung im O-Ton: »Wo die Einsamkeit aufhört, da beginnt der Markt; und wo der Markt beginnt, da beginnt auch der Lärm der großen Schauspieler und das Geschwirr der giftigen Fliegen.«

Also sprach der Wirtschaftsweise.

9. Dezember 2008

VERBOTEN

Guten Tag, meine Damen und Herren!

Zu den vergessenen Kindern der industriellen Revolution gehört die Brotkrümelmaschine. Ewig stand sie in der Ecke und krümelte vor sich hin, bis ein paar Tröpfchen schmieriges Industrieöl danebengingen und – zack! – Irland, wo die Brotkrümelmaschine zur Herstellung von Tierfutter im Einsatz war, prompt einen Dioxinskandal einbrockten. Jetzt steckt das böse Dioxin aus dem dummen Öl aus der lieben Brotkrümelmaschine aus dem schönen Irland in unserem Schweinefleisch, und Verbraucherschützer fragen streng, welche anderen irischen Produkte noch verseucht sind. *verboten* tippt auf Chris de Burgh, Guinness, Kerrygold, U2, IRA, James Joyce und

genetisch defekte, vierblättrige Kleeblätter.

11. Februar 2009

VERBOTEN

**Guten Tag,
meine Damen und Herren!**

Ständig werden dieser Tage irgendwo ganze Volkswirtschaften mit »Milliardenpaketen« wiederbelebt. Das geht auch günstiger, wie *verboten* ermittelt hat: Mit der Mund-zu-Mund-Beatmung! Das Volumen ist richtig gewählt, wenn sich der Bankensektor sichtbar hebt. Um die Hygiene zu verbessern und eventuell vorhandenen Ekel zu überwinden, gibt es Beatmungshilfen.

Oder gleich die Finanzspritze mitten ins Herz.

24. März 2009

VERBOTEN

**Guten Tag,
meine Damen und Herren!**

Das Emirat Abu Dhabi steigt als Großaktionär beim Autobauer Daimler ein! Die staatlich kontrollierte Investmentfirma Aabar investiert damit das Geld, das sie vorher mit dem Sprit für die Mercedes-Benz-Limousinen verdient hat, jetzt direkt in die Autos. *verboten* erklärt, was sich damit für den klassischen Benz-Fahrer ändern wird:

- Wackelkamel statt Wackel-Elvis.
- Der Tacho hat nur noch arabische Ziffern.
- Der Stern weicht dem »guten Halbmond«.
- Ölspur statt Bremsspur.
- Der Wagen zieht unmerklich gen Mekka.
- Mehr Sand im Getriebe.
- Es gilt die Scharia, nicht mehr die StVO.

und natürlich der Name: AbuDhaimler.

27. März 2009

VERBOTEN

**Guten Tag,
meine Damen und Herren!**

Die Laufzeiten der Atomkraftwerke Biblis A und Brunsbüttel werden nicht verlängert. Das Bundesverwaltungsgericht hat entschieden: Die beiden mehr als 30 Jahre alten Meiler müssen endgültig vom Netz. *verboten* sprach mit den beiden rüstigen RentnerInnen. »Ich freue mich, mehr Zeit mit meinen Enkeln verbringen zu können«, erklärte das im Dienst ergraute Nordlicht Brunsbüttel mit wachem Blick auf die fröhlichen Offshore-Windkraftanlagen vor Sylt: »Dieses ständige Hoch- und Runterfahren ging mir ziemlich in die Knochen.« Auch die gemütliche Hessin Biblis A will künftig »leiser treten, einfach mal die Seele baumeln lassen, Sonnenblumen pflanzen« und sich ansonsten ihrem exklusiven Hobby widmen:

der Zucht zehnäugiger Fische mit Flügeln.

28. März 2009

VERBOTEN

**Guten Tag,
meine Damen und Herren!**

Aus unserer Serie »Bahn-Skandale« lesen Sie heute: Die Bahn-Spitze ließ gezielt Mails von Bahn-Mitarbeitern an externe Bahn-Kritiker ausspähen! Dazu gehörte auch *verboten*, das täglich mit Bahn-Mails wie dieser bombardiert wird: »Hallo. Wir lernten Sie auf dem Grundstück, das bekannt ist, kennen, und zu mir waren so angenehm mit Ihnen, um kennenzulernen. Meine reale Bezeichnung – Hartmut, nennen die Freunde mich Bahnchef. Ich habe die hellblonden Haare und die braunen Augen. Die Freunde sagen, dass ich der attraktive, gute Mensch. Bin. Ich liebe das Theater, den Saal, die Gymnastik, aber die Arbeit entlehnt viel meiner Zeit.« Dubios? Mag sein. Jedenfalls kamen die Mails

immer pünktlich.

6. Juli 2009

VERBOTEN

**Guten Tag,
meine Damen und Herren!**

Peer Steinbrück (SPD) sprach große, mahnende, ja drohende Worte. Sollte es zu einer Kreditklemme kommen, müsse die Regierung über noch nie da gewesene Maßnahmen nachdenken, sagte der Bundesfinanzminister Peer Steinbrück (SPD). Die Banken bekämen von der Bundesbank sehr viel Geld zum extrem niedrigen Zinssatz von einem Prozent, sagte Steinbrück. »Doch die Banken stecken das Geld derzeit viel lieber in den Handel mit Devisen, Rentenpapieren und Aktien.« Peer Steinbrück (SPD) war es auch, der die Banken als »systemrelevant« bezeichnet hat. Was er nicht kapiert:

Sie sind nicht systemrelevant, sondern systemimmanent.

12. Dezember 2009

VERBOTEN

**Guten Tag,
meine Damen und Herren!**

Marlene Dietrich, Gustav Stresemann, Albert Einstein, Otto Lilienthal, Rudi Dutschke und sogar ein Versager wie Claus Schenk Graf von Stauffenberg – sie alle waren als mögliche Namensgeber des neuen Superflughafens Berlin-Brandenburg im Gespräch. Jetzt wurde beschlossen: »Willy Brandt« wird er heißen, vielleicht sogar »Willy Brandt International« mit dem schönen neuen Slogan: »Mehr Startbahnen wagen!«
verboten meint: Eine gute Wahl, flogen doch früher bekanntlich vor allem die Frauen auf den nachdenklich-promisken Vollblutpolitiker. Also: Wir sehen uns dann 2011, vielleicht auf einen kleinen Cognac in der

Günter-Guillaume-Lounge.

19. Dezember 2009

VERBOTEN

**Guten Tag,
meine Damen und Herren!**

Seit gestern ist die Welt um einen schwedischen Mythos ärmer: General Motors hat, weil sich kein Käufer fand, die »Abwicklung« seiner Unternehmenstochter Saab angekündigt. Das ist tragisch, vor allem für Liebhaber der unverwechselbaren Klassiker aus dem Werk in Trollhättan. Wer erinnert sich nicht an den ersten Kuss an Bord einer urigen Saab JA 37 Viggen, an den Familienausflug zur Ostsee mit einer gutmütigen Saab Draken 54 – oder die coolen Luft-Boden-Raketen der schnittigen Saab JAS 39 Gripen? Eben. Übrigens hat Saab, was kaum einer weiß, neben Kampfjets auch Autos gebaut, so etwa den legendären

Schneewittchensaab.

14. Januar 2010

VERBOTEN

**Guten Tag,
meine Damen und Herren!**

Google droht mit dem Abbruch aller diplomatischen Beziehungen zu China. Der Google'sche Botschafter in Peking wurde bereits abgezogen. Die 7. Google-Flotte ist bereits auf dem Weg ins Chinesische Meer. Bei einer Sondersitzung des UNO-Sicherheitsrats sprach sich der Präsident von Gazprom für Sanktionen gegen China aus. Die Geheimdienste von Wal-Mart und Exxon legten Beweise für Menschen- und andere Rechtsverletzungen in China vor. Microsoft und GM erklärten sich bereit, Sonderemissäre ins Internet zu schicken. Nestlé verhält sich neutral. Treu an der Seite von China steht nur noch ein einziger Konzern:

Schlecker.

29. Januar 2010

VERBOTEN

**Guten Tag,
meine Damen und Herren!**

verboten gratuliert Ihnen ganz herzlich zum Erwerb eines brandneuen Apple-Produktes. Denn was Sie eben noch für eine Zeitung gehalten haben, das ist in Wahrheit das ultramoderne und superflache iPad! Speziell für *taz*-Leser zum sensationellen Schnupperpreis von 1,20 Euro – anstatt 699 Dollar! Neu ist das falt- und zerknüllbare Interface aus purem Zellstoff. Content muss nicht mehr »auf den Printer« geschickt werden, sondern ist bereits »ausgedruckt«. Auch wird nicht mehr umständlich mit der Maus »gescrollt« und »geklickt«, sondern sinnlich mit den Fingerspitzen »geblättert« und mit den Augen »geblickt«. Testen Sie auch die coole

»Abo«-Applikation!

4. Juni 2010

VERBOTEN

**Guten Tag,
meine Damen und Herren!**

Darf *verboten* Sie heute mal mit einem Privatproblem behelligen? Denn *verboten* ist verschnupft. Seit Wochen läuft die Nase, alle Hausmittelchen versagen. Zuerst wollte *verboten* den Rotzstrom mit einem Roboter stoppen. Dann versuchte *verboten*, den ausströmenden Rohrotz in einer gigantischen Stahlkuppel aufzufangen und abzusaugen. Schließlich scheiterte auch die »Top-Kill«-Methode, die laufende Nase mit Hochdruck und tonnenweise Schlamm und Geröll zu beschießen. Vor einer Parallelbohrung schreckt *verboten* noch zurück, kann aber inzwischen besser verstehen, wie er sich derzeit fühlen muss, der sympathische

Trial-and-Error-Konzern BP.

3. Juni 2011

VERBOTEN

**Guten Tag,
meine Damen und Herren!**

Gestern wurde der ICE stolze 20 Jahre alt. Und *verboten* hat nicht gratuliert. Aus gutem Grund: Was haben wir ihn geliebt, als er noch jung war und sein mit Myriaden von zerplatzten Fluginsekten wie Sommersprossen übersätes Kinn keck der Zukunft entgegenreckte! Damals hatte er nur Geschwindigkeit im Triebkopf, seine Devise war Rock 'n' Roll oder auch »Live fast, die young«, manchmal roch er sogar nach kalten Kippen! Wo sind die Ideale hin? Der ICE von heute neigt sich mal in diese, mal in jene Richtung, und wenn es ihm nicht zu kalt ist, ist es ihm zu warm. Solide will er sein, strebt nach Komfort und Effizienz. Tja, so ist das Leben:

Türen schließen selbsttätig.

12 Medien

22. Mai 2000

VERBOTEN

Guten Tag, meine Damen und Herren!

Cherie Blair (45), die Frau des britischen Premierministers Tony Blair, hat am Samstagmorgen einen Jungen zur Welt gebracht. Unser frisch rekrutierter Mitarbeiter Tom Kummer (37) durfte als erster mit dem kleinen Leo (0) sprechen.
taz: Wie lebt es sich so als »First Baby«?
Leo: Sehen Sie, ich bin gerade erst zur Welt gekommen. Das Leben ist für mich wie ein dickes Buch, und ich habe gerade mal mit der Lektüre der ersten Seite angefangen. Na ja, ich schreie viel.
taz: Ihr Vater hat deshalb schlaflose Nächte. Was ist das Besondere an Ihrem Geschrei?
Leo: Mein ganzes Leben ist auf Geschrei aufgebaut, jedenfalls bis jetzt. Ich denke, Geschrei ist ein entscheidendes Mittel, um meine Ziele zu erreichen – also Aufmerksamkeit und Milch.
taz: Sie sprechen ungewöhnlich viel für einen Säugling …
Leo: Das muss wohl an Ihren intelligenten Fragen liegen.
So viel aus London. Sie denken, das sei komplett erfundener Unsinn? Falsch! Das ist Borderline-Journalismus.

Das macht man jetzt so.

6. Juni 2001

VERBOTEN

Guten Tag, meine guten, alten ZDF-ZuschauerInnen!

Peter Alexander (74, »Graf Bobby«)! Er konnte singen, tanzen, imitieren. Pferde stehlen, Äpfel schälen, Witze erzählen. Peter der Große!
Doch jetzt der Schock: Heute sind es nur noch 24 Tage bis zu seinem 75. Geburtstag. Und noch immer weigert sich das Zweite Deutsche Fernsehen, ihm eine Festtagsshow zu geben. Ist das richtig? Der Sender muss sich fragen: Gibt es einen ZDF-Star, der engagierter den Kopf hingehalten hat? Bis ihm die Lachfalten an den Ohren runterhingen. Bis der furchtbare Schmäh Klein- und Großhirn zerstört hatte? Deutschland muss sich fragen: Gibt es einen ZDF-Star, dem wir sinnloser verbrachte Stunden vor dem Fernseher zu verdanken hätten? Tiefere Seufzer aus dem Inneren unserer gequälten Seelen? Die Antwort ist:

Ja. Thomas Gottschalk.

1. August 2001

VERBOTEN

Guten Tag, meine Damen und Herren!

Es ist August, und Sie wissen, was das bedeutet: Ab heute können Schwule Schwule und Lesben Lesben heiraten. Ist die Ehe – auch in ihrer abgespeckten Homoversion – überhaupt noch zeitgemäß? *verboten* ist selbst schwul und meint: ja. Wer hätte nicht gerne einen gesetzlich registrierten Partner an der Seite, der locker ist und gleichzeitig kritisch? Der einen zum Nachdenken bringt, aber auch zum Lachen? Auch Seite-1-Rubriken haben Gefühle.
Ja, es ist wahr: *verboten* hat sich verliebt und will möglichst bald den Bund fürs Leben eingehen. Mit wem? Mit »Post von Wagner«. Der feinsinnigen Seite-2-Rubrik von *Bild*. Es war Liebe auf den ersten Blick. Dein Charme, deine Eleganz, dein Stil … alles an dir ist wunderbar.

Bis auf den mit der Zahnlücke.

2. August 2001

VERBOTEN

Guten Tag, meine Damen und Herren!

verboten ist glücklich. Wie es sich für eine schwule Rubrik gehört. *verboten* hat nämlich gestern geheiratet: die feinsinnige *Bild*-Kolumne »Post von Wagner«. Die Feier war sehr warmherzig. Wie die neue Familie, in die *verboten* eingeheiratet hat. Auch wenn der süddeutsche Schwiegervater »Streiflicht« uns den ganzen Tag mit lateinischen Sprichworten langweilte. Und der leicht angeheiterte Frankfurter Onkel »Schlappekicker« auf Hessisch nichts als Fußballanekdoten vor sich hin babbelte. Weniger zu sagen dagegen hatte die mürrische Frankfurter Tante »Aufgespießt«. Das wird schon, versicherte uns eine Spur zu jovial der alte Hamburger Zeitgeistonkel »finis«. Etwas beklommen treten wir jetzt die Hochzeitreise an, die in »Wagners Welt« führt. Was für eine Familie!

Doch *verboten* bereut nichts!

15. August 2001

VERBOTEN

**Guten Tag,
meine Damen und Herren!**

Natürlich wollen Sie wissen: Wie war die Hochzeitsnacht des schwulen Ehepaares *verboten* und »Post von Wagner« (*Bild*)? Uuuuääääääääääääääh! Es ist furchtbar, als Herr und Herr Rubrik aufzuwachen. »Post von Wagner« schnarcht! Und erzählt zweifelhafte Witze. Und schwülstiges Dummzeugs über Hannelore Kohl. Und schaut anderen Rubriken nach! Und stinkt nach Schnaps. Und war heute früh noch zu betrunken, um überhaupt einer Antwort fähig zu sein. Und hat eine total durchgeknallte Schwester (»Moment mal!«). Und einen total langweiligen Bruder (O. Lafontaine: »Mein Herz schlägt links«). Und der Sex? Ach, Gottchen. Die Wahrheit ist: »Post von Wagner« ist nur zur Selbstbefriedigung fähig.

***verboten* geht zurück zu Mama. Die hat es ja gleich gewusst.**

18. Dezember 2001

VERBOTEN

**Guten Tag,
meine Damen und Herren!**

Alle Welt rätselt, wo der rehäugige Scheich des Schreckens stecken könnte. *Bild* rätselt mit: »Bin Laden verschwunden – Seite 2«. Hm. Soso. Auf der bombensicheren Seite 2 der *Bild* also, an der schon die Russen gescheitert sind. Nach Berichten von Überläufern soll es auf dieser unwegsamen Seite, wo Journalisten noch nach Anschlägen bezahlt werden, verzweigte Höhlensysteme und schwer bewaffnete Kolumnen geben (»Peter Scholl-Latour erklärt die Welt«). Angeblich aber hat sich Ussama längst abgesetzt.

In den informativen Sportteil

4. Februar 2002

VERBOTEN

**Guten Tag,
meine Damen und Herren!**

Vorsicht! Bitte nicht weiterlesen, falls Sie gerade frühstücken! Jetzt wird's nämlich kurz ziemlich eklig, und dann kommt erst der Erkenntnis- bzw. Lustgewinn. Die britische Jenny Elvers nämlich, ein Fotomodell namens Katie Price (23), will laut *News Of The World* die Niederkunft ihres Sohns Harvey am 16. Mai im Internet übertragen. »Teile des Geburtsvorgangs« sollen kostenfrei zu sehen sein, die »entscheidenden Momente« dagegen nur gegen Bezahlung. Wo doch im Internet eigentlich nur mit Sex Geld zu verdienen ist! Soll nun schon dessen privates Ergebnis versilbert werden? Weit gefehlt: »Ich möchte mein Glück nur mit Millionen von Fans teilen«, sagte Price. *verboten* freut sich jetzt schon auf »Teile des Geburtsvorgangs« und stellt Premiere World die entscheidende Frage:

Wo bleibt der Geburtskanal?

9. April 2002

VERBOTEN

**Guten Tag, meine Damen und Herren,
liebe Trauergemeinde!**

Ihre Würde und ihren Mut und ihre Stärke und ihren Humor werden wir sehr vermissen. Was sie für ihr Land geleistet hat, das kann sich ja heute kein Mensch mehr vorstellen. Der Glanz! Die Gloria! Heute, da sie wohl endgültig bestattet wird, wollen wir an ihr Lieblingsgedicht erinnern:
»Du kannst deine Augen schließen/und beten, dass sie wiederkehrt,/oder du kannst die Augen öffnen und all das sehen, was sie hinterlassen hat./Du kannst weinen und dich verschließen,/oder du kannst tun, was sie gewollt hätte:/lächeln, deine Augen öffnen, lieben und weitermachen.«
verboten hofft, dass diese Zeilen den Schmerz ein wenig lindern. In unseren Herzen jedenfalls lebt und liebt sie ewig weiter,

die gute alte KirchGruppe.

3. Mai 2002

VERBOTEN

**Guten Tag,
meine Damen und Herren!**

Am heutigen Internationalen Tag der Pressefreiheit nehmen wir uns einmal an dieser Stelle die Pressefreiheit, das zu schreiben, was wir schon immer schreiben wollten. Das, was unsere Leser an einem solchen Tag erwarten. Einen Text, der gerade in Zeiten der Zensur und des Verbots von Medien alles, einfach alles sagt, was endlich einmal gesagt werden muss. Einen Text, der die Verhältnisse schonungslos anprangert und ohne jede Rücksicht auf die gesellschaftlichen Bedingungen alles auf den Punkt bringt. Einen Text, der … – na ja …

morgen ist auch noch ein Tag.

27. Juli 2002

VERBOTEN

**Guten Tag,
meine Damen und Herren!**

Sensation! Die Pannenpäpste des ADAC haben die Bundestagswahl entschieden! 13 000 Leser ihres Nachrichtenmagazins *Motorwelt* durften wählen, wer nach dem 22. September ans Steuer soll. Das Ergebnis der engagierten Vierradfreunde ist eindeutig: Für den kandidierenden Stoiber (BMW) entschieden sich 61,4 Prozent, für den amtierenden Schröder (VW) mochten sich nur 38,6 Prozent erwärmen. Nach Meinung der automobilen Deutschen ist Stoiber also der beste Autokanzler für Autodeutschland. Nur ihm trauen die Menschen zu, dass er ihnen nachts im strömenden Regen auf der A 9 die Zündkerzen wechselt – ein Service, für den sich der Medienkanzler Schröder bisher immer zu fein war.

***verboten* ist der verstellbare Liegesitz des Doktor @mund Stoiber.**

28. Dezember 2002

VERBOTEN

**Guten Tag,
meine Damen und Herren!**

verboten kann jetzt durch Klonen außerhalb des Mutterleibs reproduziert werden. Dabei wird einer zuvor entkernten Kolumne genetisches Material einer anderen Kolumne wie des »Streiflichts« der *Süddeutschen Zeitung* eingesetzt. Es handelt sich bei diesem Verfahren um das höchst umstrittene »reproduktive Klonen«, bei dem »Streiflicht«-Zellen in diesen *verboten*-Textkasten implantiert werden. Wegen stilistischer und publizistischer Defekte entwickelt sich allerdings nur in wenigen Fällen ein echtes *verboten*. Kolumnen-Experten warnen deshalb neben den großen ethischen Bedenken auch vor journalistischen Risiken: Oft stirbt *verboten* schon während der kniffligsten Phase des Verfahrens bei den ersten Sätzen. Diesmal aber nicht:

**Guten Tag,
meine Damen und Herren ...**

13. August 2003

VERBOTEN

**Guten Tag,
meine Damen und Herren!**

ZDF und *Bild* suchen »Unsere Besten«. Die Besten der Deutschen – und zwar der Deutschen von Anfang an (955). Bei der Umfrage dürfen die Deutschen Adolf Hitler übrigens nicht noch einmal wählen – wegen dieser dummen Sache mit den Autobahnen. *verboten* sieht auf dem zweiten Auge schon das amtliche Endergebnis:
10. Meister Proper
9. Clementine
8. Felix Krull
7. Robert T. Online
6. Schimanski
5. Hallo Herr Kaiser
4. Dr. Sommer
3. Udo Jürgens
2. Erika Mustermann
Und »Unser Bester« Deutscher:

1. Hasso, der Schäferhund!

19. Januar 2006

VERBOTEN

**Guten Tag,
meine Damen und Herren!**

Seit Jahresbeginn fangen die ARD-»Tagesthemen« eine Viertelstunde früher an, also um 22.15 Uhr. Aus diesem Grund (und weil er uns mit vorgehaltener Waffe dazu zwingt) übergibt *verboten* das Wort an einen alten Bekannten: »Gudenabendamendherrn! Schauen Sie mal nach Ihrem Taschentuch. Na? Ist der Knoten noch drin, der Sie daran erinnern sollte, dass ich neuerdings eine Viertelstunde früher anfange, also um 22.15 Uhr? Nein? Jetzt werd ich langsam richtig sauer, denn genau darum hatte ich Sie doch gebeten! Ausdrücklich! Mehrfach schon! Zweiundzwanziguhrfünfzehn! Ist das denn so schwer zu merken? Ja? Dann lassen Sie sich bitte baldmöglichst tätowieren: eine 2, noch eine 2, einen Punkt, eine 1 und eine 5. Egal wohin. 22.15 Uhr. Notiert? Gut. Ich wünsche

eine geruuuuuhsame Nacht, ihr Pfeifen!«

20. Januar 2006

VERBOTEN

**Guten Tag,
meine Damen und Herren!**

Wer Journalistinnen und Journalisten bisher für ein eitles, korruptes und inzestuöses Pack gehalten hat, der muss seit gestern umdenken. Denn am Donnerstag kürte das *Medium Magazin* (ein Branchenblatt von, für und voller Journalisten) mal wieder die Medienleute des Jahres, ermittelt von einer Jury aus Medienexperten und Journalisten. »Auszeichnungen sind wie Hämorrhoiden«, hatte Billy Wilder gern gelästert: »Früher oder später kriegt sie jedes Arschloch.« Wäre das wirklich so, wäre wohl kaum Günther Jauch als »Unterhaltungsjournalist des Jahres« ausgezeichnet worden, oder? Dass Auszeichnungen ganze Lebenswerke lächerlich machen können, zeigt der Hauptpreis: Nicht »Journalistin«, sondern ganz offiziell »Journalist des Jahres« ist:

Alice Schwarzer. Ob sie's merkt?

14. September 2006

VERBOTEN

**Guten Tag,
meine Damen und Herren!**

Diese Rubrik wird selbstverständlich wie in den guten alten Zeiten im Kartoffeldruck hergestellt. Seine Informationen erhält *verboten* über Leuchtfeuer und Rauchsäulen. Deshalb braucht *verboten* auch keinen Computer und kein Internet.
Aber wir geben es zu: Wir haben dennoch einen Laptop, wenn auch ohne Internetanschluss. Das Gerät ist vorhanden: Da müssen wir wohl bald GEZ-Gebühren zahlen. Deshalb wird *verboten* jetzt ganz schnell Kindergeld beantragen. Denn wir haben zwar keine Kinder, aber …

das Gerät dazu ist vorhanden!

4. September 2007

VERBOTEN

**Guten Tag,
meine Damen und Herren!**

In ihrer neuen Talkshow »Anne Will« will Anne Will hart nachfragen: »Ich konfrontiere Politiker mit der Realität, lade Menschen ein, die von den Konsequenzen der Politik betroffen sind, zum Beispiel Politiker«, erklärte Anne Will mutig und drohte: »Ich werde stärker nachfragen!«
Die Konkurrenz? Zaudert nicht, zieht sofort nach.
Sandra Maischberger: »Ich werde geheimnisvoller lächeln!«
Maybrit Illner: »Ich will meine Gäste nicht bedrängen.«
Gabi Bauer: »Gäste? Ich will keine Gäste!«
Johannes B. Kerner: »Wo darf ich Ihnen denn reinkriechen? Ah, dort, alles klar …«
Reinhold Beckmann: »Ihnen läuft da der Speichel … ach, warten Sie, ich lecke ihn schnell auf!«

***verboten* freut sich auf den 16. September!**

12. September 2007

VERBOTEN

Ding-Dong, meine Damen und Herren!

Schön, dass Sie so gutgläubig sind und uns gleich reinlassen in Ihren Kopf. Ja, was lesen wir denn da? Was leeeesen wir denn da, na? Ist das am Ende etwa das aktuelle *verboten*? Das sehen wir doch genau, dass das das aktuelle *verboten* ist! Sie wissen schon, dass wir das längst wissen, dass Sie hier unangemeldet *verboten* lesen, oder? Das haben uns schon die Kollegen aus dem *verboten*-Peilwagen gemeldet, dass hier *verboten* gelesen wird. Wie? Sie zahlen bereits? Schön, denn Ihre *verboten*-Gebühren sind wichtig. Sie tragen zu einer unabhängigen und vielfältigen Medienlandschaft in Deutschland bei. Und die braucht jeder. Schon gut, wir gehen jetzt.

Aber wir kommen wieder!

17. Dezember 2007

VERBOTEN

Unter Hinweis auf § 5 Abs. 3 MarkenG nehmen wir für unseren Lieblingssender RTL Titelschutz in Anspruch für:
6! Bücken
Marco sucht Frau!
Ich bin kein Vergewaltiger – holt mich hier raus!
Alarm für Marco 11
Arsch On (Grund-)Eis
CSI Antalya – Beim Täter auf der Couch
Marco, Bilder, Emotionen 2007
Prison Break (Marco Special)
in allen Kombinationen, Schreibweisen, Darstellungsformen, Abwandlungen und Schriftarten, für alle Medien, Druckerzeugnisse, Hörfunk, Fernsehen, Film und elektronische Medien einschließlich Multimedia-Anwendungen. *verboten* steht auf Geschäftsideen und fordert:

Her mit den kleinen Engländerinnen!

28. Dezember 2007

VERBOTEN

Guten Tag, meine Damen und Herren!

Für das aktuelle Feuilleton der *Zeit* sollte eigentlich *verboten* mal aus dem Nähkästchen plaudern, wie es täglich immer diese Irrsinnspointen hinbekommt. Leider hätte *verboten* nur eitle Plattitüden in bestürzend geckenhaftem Bildungsbürgerdeutsch darüber absondern können, dass sich die *verboten*-Macher »zwar auf ihre Wendigkeit im Finden und Verflechten von Motiven sowie, versteht sich, auf ihre Fingerfertigkeit beim Entwerfen, Bauen und Zurechthobeln von Sätzen verlassen, dass sie es aber nicht verschmähen, wenn ihnen ein Genius – noch lieber: eine Muse – da und dort mit einer nicht alltäglichen Metapher, einer außergewöhnlich blitzenden Assoziation aushilft«. Aua, oder?

Da hat's *verboten* dem »Streiflicht« überlassen.

18. Juni 2008

VERBOTEN

Guten Tag, meine Damen und Herren!

Der *B.Z.*-Reporter Benjamin von Stuckrad-Barre erinnert sich mit Entsetzen an seine Lehrjahre bei der *taz*: »Ich habe einige Jahre für die *taz* geschrieben und erleben dürfen, wie die in der Redaktion miteinander umgehen, wie selbstgewiss die denken und schreiben, wie schlecht sie Zeitung machen, sich dabei über den Boulevard erheben, das ist widerlicher als alles, was in *Bild* und *Bunte* steht«, weinte er sich bei *Cicero* aus. Die Arbeitsbedingungen seien »eine Katastrophe, die Bezahlung auch. Das ist der permanente Selbstbetrug«. *verboten* meint: Bravo! Endlich traut sich mal einer was und sagt, wie's ist! Allerdings ist nicht »die Bezahlung« das Problem, lieber Stucki. Das Problem sind Preise von bis zu

70 Euro für das Gramm Kokain, stimmt's?

27. Juni 2008

VERBOTEN

**Guten Tag,
meine Damen und Herren!**

Textausfall! Alle Leitungen aus Berlin sind derzeit unterbrochen. Wir bitten, die Störung zu entschuldigen, und arbeiten mit Nachdruck an ihrer Behebung. Unterdessen wird Sie unser Reporter Béla Réthy telefonisch weiter über das spannende Rubrikgeschehen auf dem Laufenden halten: »… pfff, tja. Können Sie mich hören? Hallo? Ja … ich lese gerade … aha, soso … nein. Also, im Aufbau wirkt *verboten* heute ein wenig müde … müde … müde. Ein Thema würde der Rubrik gut tun, gerade im Spielaufbau. Thema. Idee. Thema. Idee. Eine These … eine richtige These könnte diesen Text entscheiden. Idee. Thema. Idee … da ist gerade so ein bisschen die Luft raus, oder?«

Dafür gibt's garantiert den Grimme-Preis.

12. Dezember 2008

VERBOTEN

**Guten Tag,
meine Damen und Herren!**

In Deutschland grassiert ein tückisches Virus. Forscher bestätigen, dass es sich um die bösartige Mutation eines altbekannten, damals noch eher harmlosen Erregers aus den siebziger Jahren handelt. Neu ist, dass die sogenannte Offene Schmidtitis nun auch Zeitschriften befällt – und entsetzlich entstellt. Akut zeigt der ohnehin immunschwache *Spiegel* typische Symptome (»Über Schmidt«). Besonders betroffen: *Die Zeit* (»Unser Schmidt«), in der das Virus vermutlich mehr als zwei Jahrzehnte in einem trügerischen Ruhezustand verbracht hat – um jetzt, wie ein Herpes, umso fürchterlicher auszubrechen, das übrige Blatt zu befallen, das Fernsehen sowieso, dann: die ganze Republik. *verboten* empfiehlt

ein konstruktives Misstrauensvotum.

19. Februar 2010

VERBOTEN

Liebe B.Z.,

wir hätten da eine Bitte! Da entbindet eine junge Frau ohne Hilfe, eigenhändig. Man findet sie, unterkühlt und halb verblutet, auf freiem Feld in Brandenburg. Ihr Kind liegt erfroren im Schnee. So was gibt's. Darüber muss man auch berichten.
Wer auch immer aber beim Springer-Blatt *B.Z.* die grundverkommene Idee hatte, nun schon seit Tagen Schlagzeilen wie »Eisbaby-Mutter liegt im künstlichen Koma«, »Ich bin der Vater des toten Eisbabys« oder »Hier begann das Sterben des Eisbabys« zu produzieren, dem möge doch bitte seine Wortschöpfung in der Kehle zu einem Klumpen gefrieren, gerade groß genug, auf dass er langsam daran ersticke.

Das wäre nett.

20. Februar 2010

VERBOTEN

**Guten Tag,
meine Damen und Herren!**

Gratulation, *FAZ*-Feuilleton, zum Untergang des literarischen Abendlandes! Gratulation, *FAZ*-Feuilleton, zur Selbstreferenzialität des Feuilletonbetriebs! Gratulation, Ex-*FAZ*-Feuilleton in der *SZ*, dass Sie die *FAZ* rechtzeitig verlassen haben! Gratulation, *SZ*-Feuilleton, zum literarischen Untergang des Abendlandes! Gratulation, *SZ*-Feuilleton, zur Selbstreferenzialität des Feuilletonbetriebs! Gratulation, *Zeit*-Feuilleton, weil du auch da bist! Gratulation, *Spiegel*-Feuilleton, stand wieder nichts drin! Gratulation, Frau Hegemann, zum 18. Geburtstag …

**…und Vorsicht vor
Hellmuth Karasack!**

19. März 2010

VERBOTEN

**Guten Tag,
meine Damen und Herren!**

Woche für Woche grübelt *verboten*, warum es eigentlich nicht endlich sein *Zeit*-Abo kündigt. Vielleicht deshalb, weil die *Zeit* wie eine reiche Tante ist, die *verboten* nie gehabt hat. Eine schwerreiche und neuerdings auch reichlich religiöse Tante, die penetrant nach Kölnisch Wasser riecht. Die Titelgeschichte des aktuellen *Zeit*-Magazins beschäftigt sich nun damit, wie toll es für Kinder ist, wenn ihre Eltern einen Flügel hinstellen. Ja, einen Flügel. Wobei *verboten* wieder einfiel, warum das Abo bleibt: um der alten Tante weiter beim gepflegten Verrotten in erzbürgerlicher Behaglichkeit zuschauen zu können, also aus

reinem Voyeurismus.

24. September 2010

VERBOTEN

**Guten Tag,
meine Damen und Herren!**

In der ersten Ausgabe der neuen RTL-Sendung »Das Medium« (31. Oktober, 19.05 Uhr) ist es Freya Barschel gelungen, mit ihrem toten Gatten in Kontakt zu treten: »Mein verstorbener Mann ist bereit gewesen, mit uns zu sprechen«, sagte sie. Allerdings, schränkte Freya Barschel ein, habe das Medium so viel geredet, dass sie selbst leider nicht dazu gekommen sei, all das zu fragen, was ihr auf dem Herzen liege. Da hätte sie mal besser *verboten* gefragt, dem die Kontaktaufnahme eben erst wieder gelungen ist. Dabei versicherte Uwe Barschel uns glaubhaft, niemals im Jenseits behelligt worden zu sein:

»Ich wiederhole: Ich gebe Ihnen mein Ehrenwort!«

12. Februar 2011

VERBOTEN

Psssst!

Ein guter Geheimdienst ist der, der weiß, was passieren wird. Ein besserer Geheimdienst ist der, der das, was passiert, selber macht. Der beste Geheimdienst ist die CIA. Am Donnerstag aber blamierte sich die CIA mit der Nachricht, Mubarak werde »sehr wahrscheinlich« zurücktreten. Jetzt fragen alle: Was war ihre Quelle? Der Mossad? Sehr unwahrscheinlich, der ist besser informiert. Al-Dschasira? Sehr unwahrscheinlich, die sind schneller. Sehr wahrscheinlich ist daher:

Es war Peter Scholl-Latour.

13 Kultur

9. Juni 2000

VERBOTEN

**Guten Tag,
meine Damen und Herren!**

Wir gratulieren: Marcel Reich-Ranicki! Frenetischer Jubel, tosender Applaus, beblümte Bücher fliegen auf die Bühne, Joseph Roth, Thomas Mann und Ulla Hahn senden Glückwünsche aus ihrer Welt. Hellmuth Karasek putzt sich gerührt die beschlagenen Brillengläser. Benjamin von Stuckrad-Barres leiser Spottsong geht im Beifallsrauschen unter. Wie? Schon wieder Reich-Ranicki? Haben wir dem nicht gerade gratuliert? Ja, aber diesmal hat er einen Preis bekommen. Nach der Goethe-Plakette, dem Ricarda-Huch- und dem Thomas-Mann-Preis gab es gestern den Bad Homburger Hölderlin-Preis für den verdienten Kritiker. Und damit 25 000 Mark. Das Tollste: Den hat er vor 18 Jahren selbst begründet. Marcel Reich-Ranicki: Was für ein Mann. Was für Preise. Was für ein Leben.

Wir melden uns wieder.

23. Oktober 2000

VERBOTEN

**Vorsicht, meine
Damen und Herren!**

Heute hat *verboten* die traurige Pflicht, eine offizielle Warnung auszusprechen. Damit niemand *verboten* vorwerfen kann, er sei von *verboten* nicht in aller dringlichen Deutlichkeit gewarnt worden. Es ist doch so: Wenn die Luft raus und die Glut endgültig erloschen, wenn die strahlende Vergangenheit flächendeckend unter der erstickenden Asche antriebsloser Mittelmäßigkeit begraben ist – dann ist es manchmal nötig, einen dicken Schlussstrich zu ziehen. Um weitere Verletzungen und Enttäuschungen zu vermeiden. Anders gesagt: Wäre er ein Pferd, dann hätten wir ihn schon lange erschossen. Deswegen:

**Finger weg vom neuen
Asterix-Band!**

3. September 2001

VERBOTEN

**Guten Tag,
meine Damen und Herren!**

»Frankfurter Schule gewinnt Milchwettbewerb«, meldete dpa gestern und überraschte *verboten* damit doch sehr. Die Frankfurter Schule beteiligt sich an Milchwettbewerben? Haben die das jetzt schon nötig? Milch macht müde Soziologen munter? Wenn das Adorno und Horkheimer wüssten, was der Habermas am Institut für Sozialforschung inzwischen so treibt. Oder meint dpa die Neue Frankfurter Schule mit den Humorkräften Bernstein, Gernhardt und Henscheid? *verboten* ist sich nur in einem sicher:

Es gibt keinen richtigen Milchwettbewerb im falschen.

12. Dezember 2001

VERBOTEN

**Guten Tag,
meine Damen und Herren!**

Gerhard Schröder ist verliebt. In die neue Luxusmöhre von VW, die er, der ausgewiesene Autokanzler und -narr, nun sogar zur neuen Staatskarosse machen will. Einen Namen für das Top-Modell gibt's auch schon: Phaeton, was wie eine gelungene Synthese aus Beton und Feuilleton in den Ohren klingelt.
Phaeton, Phaeton, Phaeton, war das nicht Helios' Sohn, der Angeber? Der unbedingt mit dem Sonnenwagen über den Himmel Altgriechenlands preschen wollte, was fürchterlich in die Hose ging? Erst flog er zu hoch (die Menschen erfroren), dann zu tief (die Menschen verbrannten), bis ihm die Gäule durchgingen und Zeus den göttergleichen, aber sterblichen Rowdy mit einem gezielten Blitz ins Jenseits schickte. In diesem Sinne wünscht *verboten* unserem Sonnenkanzler

Hals- und Beinbruch!

21. Januar 2002

VERBOTEN

**Guten Tag,
meine Damen und Herren!**

Der deutsche Tailleur Karl Lagerfeld (63) hat sich über die spektakulöse Demission seines französischen Kollegen Yves Saint-Laurent (65) mokiert. Der mache zu viel Gewese wegen seines dramatischen Abschieds. Unter Tränen hatte Laurent unlängst seinen Abschied von der Modewelt hinaustrompetet. Er hört auf, sehr gut, rieb sich Lagerfeld die Hände, denn: Jetzt sei er, Lagerfeld, an der Reihe, das wäre er eigentlich jetzt schon: Charles Depot Champs rufen mich die Menschen schon jetzt.
verboten fragt: Ist das noch deutsch-französische Freundschaft? Wie können wir helfen? *verboten* weiß es auch nicht. Nur dies:

Im Streit schlichter Schneider ist schlecht schlichten.

7. Februar 2002

VERBOTEN

**Guten Tag,
liebe Negerinnen
und Neger!**

»Zehn kleine Negerlein«, der Klassiker von Agatha Christie, soll einen anderen Titel bekommen. Die Erlaubnis dazu haben nun Christies Erben erteilt, nachdem sich in Hannover Bürger über die Ankündigung des entsprechenden Theaterstücks beschwert hatten. Im gut beheizten englischen Sprachraum, wo manche Menschen sich respektvoll mit »Yo nigger, what's up, nigger?« anreden, heißt das Stück schon lange »And Then There Were None«. Aber auf Deutsch? Was können wir tun? »Zehn kleine Afroamerikanerchen«? »Zehn kleine Gestalten dunkler Hautfarbe«? Oder besser: »Zehn durchschnittlich gewachsene Personen, deren Hautfarbe überhaupt keine Rolle spielt«? *verboten* wüsste gerne, wie eigentlich das Original von 1939 betitelt war. Ach ja, richtig:

»Ten Little Niggers«

9. Februar 2002

VERBOTEN

Guten Tag, meine Damen und Herren!

In einem McDonald's auf der Reeperbahn hat ein junger Mann versucht, seinen Cheeseburger mit einem gefälschten 50-Euro-Schein zu bezahlen. Weil ihm die Kassiererin auf die Schliche kam, wurde der Betrüger sofort verhaftet. *verboten* fragt: Was hat der arme Mann denn getan? Repräsentiert nicht die Ware (Cheeseburger) den Gebrauchswert? Und das Geld (Euro) den äquivalenten Tauschwert? »Aber was ist Geld?«, fragte einst ein heller Kopf, »Geld ist kein Ding, sondern eine bestimmte Form des Werts.« Also ist der wertlose Fuffziger die angemessene Bezahlung für einen in jeder Hinsicht wertlosen Cheeseburger. Wenn also jemand seine falsche Ernährung mit gefälschtem Geld bezahlt – wo liegt das Problem? Wahrscheinlich wieder mal bei

Karl Marx, im »Kapital«.

29. Mai 2002

VERBOTEN

Guten Tag, meine Damen und Herren,

der Krieg in Afghanistan wird immer mehr zum Modespektakel. Zuerst wurde die neckische Ganzkörperverschleierung für Pariser Laufstege entdeckt. Dann schmolzen vor allem Frauen unter der exotischen Eleganz von Staatschef Karsai pfützenweise dahin. Nun soll sogar der Modeschöpfer Giorgio Armani (67) zum UNO-Sonderbotschafter ernannt werden. *verboten* fragt: Was ist die Sonderbotschaft des Schneiders? Dass man einem nackten Afghanen nicht mehr in die Tasche greifen kann? Dass die Gucci-Guerilla am Ende ist? Näht der Ästhet dieses moralische Denkmäntelchen für seine gepuderte Kundschaft höchstpersönlich? US-Amerikaner nennen die Afghanen übrigens liebevoll »towelheads«. Armanis Mission beweist vor allem,

dass nicht nur Handtuchköpfe bisweilen schief gewickelt sind.

6. Juni 2002

VERBOTEN

Guten Tag,
meine Damen und Herren,

Frank Schirrmacher mochte Martin Walsers neuen Thriller »Tod eines Kritikers« in der *FAZ* nicht publizieren. Was könnte Schirrmacher gegen das Buch haben? Nun erscheint der mitreißende Roman eben bei *verboten* im Vorabdruck. Aber urteilen Sie selbst:
Da man von mir, was zu schreiben ich mich jetzt veranlaßt fühle, nicht *erwartet, muß ich wohl mitteilen, warum ich mich einmische in ein Geschehen, das auch ohne meine Einmischung schon öffentlich genug geworden zu sein scheint.*

... das erscheint uns auch ohne Vorabdruck langweilig genug.

2. Oktober 2002

VERBOTEN

Guten Tag,
meine Damen und Herren!

Nach kurzem Siechtum schied gestern der große Philosoph und Kulturstaatsminister Julian Nida-Rümelin aus seinem Amt. Aber der große Philosoph und Kulturstaatsminister wäre nicht großer Philosoph und Kulturstaatsminister, wenn er nicht in seinem Abschiedsbrief an den »sehr geehrten Bundeskanzler« noch einen rhetorischen Sprengsatz versteckt hätte. Er endet mit den Worten: »Ich wünsche Ihnen – nicht nur kulturpolitisch – weiterhin virtú!« *verboten* hat – im Gegensatz zu Schröder – ermittelt, was es mit diesem dünkelhaften »virtú« auf sich hat – es handelt sich um ein Büromöbel-Ensemble: »Mit virtú bietet das Arnstädter Büromöbelwerk ein zweck- und zeitgemäßes Produkt«, welches »auch ohne handwerkliches Geschick« mal eben zusammengeschraubt werden kann.

Wie die rot-grüne Koalition!

12. November 2002

VERBOTEN

**Guten Tag,
meine Damen und Herren!**

Marius Müller-Westernhagen, Rockstar und Exwahlkampfhelfer von Rot-Grün, zeigt sich bitter enttäuscht über den politischen Stil von Gerhard Schröder: »Im Augenblick erinnert mich das schon etwas an das hektische Gewurschtel zu Anfang der ersten Legislaturperiode«, beschwerte sich der Pfefferminzprinz bei *Max*.
verboten aber, ehemaliger Rockstar und Exwahlkampfhelfer von Doktor @mund Stoiber, zeigt sich bitter enttäuscht über den musikalischen Stil von Marius Müller-Westernhagen: »Im Augenblick erinnert mich das schon etwas an das hektische Gewurschtel, das wir seit einem Vierteljahrhundert von den Rolling Stones kennen.«

Nur noch schlechter!

13. November 2002

VERBOTEN

**Guten Tag,
meine Damen und Herren!**

Gestern sprang *verboten* mit beiden Füßen in einen Fettnapf, weil es den musikalischen Stil von Marius Müller-Westernhagen mit dem der Rolling Stones verglich. Ein Wort gab das andere, von »hektischem Gewurschtel« war die Rede, und die Rolling Stones seien »noch schlechter« als der Marius. Stürme der Entrüstung brachen los, logisch. Kurz darauf meldete sich sogar Bill Wyman, 66, der Exbassist der Stones, über die Nachrichtenagentur dpa zu Wort: »Musik war die Essenz der Stones«.
verboten, nun neugierig geworden, hat daraufhin alle alten Stones-Platten rausgekramt, abgestaubt und durchgehört. Und tatsächlich, potztausend:

Alles voller Musik!

27. Januar 2003

VERBOTEN

**Guten Tag,
meine Aktiengesellschaften!**

Nicht etwa »Drohkulisse«, sondern »Ich AG« ist zum »Unwort des Jahres« gewählt worden. Nun hat der Münchner Sprachwissenschaftler Leo Sucharewicz die »Ich AG« in Schutz genommen: Es sei »ein Schlagwort mit Slogan-Charakter. Es ist griffig, merkbar und zeigt eine fabelhafte Durchsetzungsstärke«. *verboten* kann hier nur zustimmen. Es wurde höchste Zeit, das eigene Ich als kleinste ökonomische Einheit zu begreifen. Und falls die Aktien in den Keller rauschen, kann »Ich« notfalls zum gemeinnützigen »Ich e. V.« mutieren, wahlweise auch zur »Ich GmbH«, zur »Ich & Co. KG« oder, wer weiß, auch zum familiären »Ich & Söhne«. Droht trotzdem der soziale Absturz, kann »Ich« immer noch zur nächsten Bank eilen und dort neue Kredite einfordern.

Als »Ich Drohkulisse«!

26. November 2003

VERBOTEN

**Guten Tag,
meine Damen und Herren!**

Im Streit um die Leitung des Frankfurter Suhrkamp Verlags hat Geschäftsführer Günter Berg die Flinte ins Korn sowie das Handtuch geworfen. Rund ein Jahr nach dem Tod von Verleger Siegfried Unseld hat Berg damit die Konsequenzen aus dem Eintritt der unseligen Unseld-Witwe Ulla Berkéwicz in den Verlag gezogen. Diese hatte die Verlagsleitung im Oktober an sich gerissen und Berg damit Kompetenzen streitig gemacht. Die Geschäftsführung bestehe »ab sofort« aus der Vorsitzenden Berkéwicz und zwei Männern, die es noch mit ihr aushalten.
Damit ist die Suhrkamp-Chefin in die Top 5 der Liga der extraordinären Zicken aufgestiegen, gleich nach der Veuve Cliqout, der Witwe Van Nelle, Yoko Ono und Brigitte Seebacher-Brandt. *verboten* meint: Uwe Johnson würde sich im Grabe umdrehen. Wäre er ein Dynamo, könnte man mit ihm sogar Suhrkamps

Druckmaschinen betreiben.

7. August 2004

VERBOTEN

**Guten Tag,
meine Damen und Herren!**

Der Streit um die leidige Rechtschreibreform hat jetzt auch *verboten* erreicht. Ein Autor will künftig zur alten Rechtschreibung zurückkehren. Eine Autorin äußerte, sie habe dafür »keinerlei Verständnis«. Ein dritter Autor hat sich zwar schon entschieden, will aber »zum jetzigen Zeitpunkt« noch nicht sagen, wie. Der *verboten*-Teamchef will erst mal bis Sonntag abwarten und wissen, was Sabine Christiansen in »Sabine Christiansen« dazu sagt. Teile der Redaktion haben die Korrekturabteilung besetzt und entrollen bereits erste Transparente. Die Korrekturabteilung hat sich derweil hinter einem Schutzwall gestapelter Duden-Ausgaben aller verfügbaren Auflagen verschanzt. Es herrscht offener Zwist. Es herrscht Chaos. Bevor noch etwas Schlimmeres passiert, hat sich ein Ad-hoc-Kommitee auf eine ebenso schnelle wie tragfähige Lösung verständigt:

.gnubierhcsskniL neuen red reztütsretnU relleiziffo tsi netobrev

6. Oktober 2004

VERBOTEN

**Guten Tag,
meine Damen und Herren!**

In der Frankfurter Messe geht derzeit wieder die weltgrößte Büchershow über die Bühne. 6691 Aussteller aus 111 Ländern stellen mehr als 350000 Titel mit schätzungsweise 70 Millionen Seiten vor – das macht so viele Buchstaben, wie es Sandkörner gibt in den Wüsten Arabiens. Allah allein wird wissen, wer das alles lesen soll. Und warum. Denn allem Getöse um Humboldt und Schiller zum Trotze lesen die Deutschen am liebsten »Herr der Ringe« – oder gönnen sich mit Ildikó von Kürthy ein wenig Aerobic für die Augen. Nein, *verboten* wendet sich ab von diesem eitlen Getümmel und kann nur dick unterstreichen, was Marcel Reich-Ranicki so treffend formulierte: »Ich brauche in diesen heißen, lärmenden Hallen nicht zu wandern und habe da absolut nichts zu suchen.« Der Buchhandel erwartet dieses Jahr übrigens eine »schwarze Null«. *verboten* schließt daraus:

Roland Koch kommt auch.

3. Dezember 2004

VERBOTEN

**Guten Tag,
meine Kunstliebhaber und -liebhaberinnen!**

Im vergangenen Jahrhundert sind bekanntlich so viele Leinwände bepinselt, so viele Formen aus dem Stein gemeißelt und so viele Videos installiert worden, dass dem Laien ganz schwindelig davon wird. Orientierungslos taumelt er von Museum zu Museum, immer auf der Suche nach einer Antwort auf die Frage: »Hey, was war eigentlich das einflussreichste Kunstwerk des 20. Jahrhunderts?« 500 britische Experten haben sich nun auf das Werk »Fountain« geeinigt. Dabei handelt es sich um ein Pissoir, das der Dadaist Marcel Duchamp 1917 kurzerhand zur Kunst erklärt hatte. Fachmann Simon Wilson in seiner Begründung: »Der kreative Prozess, der in ein Kunstwerk fließt, ist viel wichtiger als das Ergebnis.« Wenn das so ist, präsentiert *verboten* heute schon das wichtigste Kunstwerk des 21. Jahrhunderts:

**HARTZ IV
(Öl auf Feuer,
G. Schröder, 2004)**

4. Juli 2005

VERBOTEN

**Guten Tag,
meine Damen und Herren!**

Was für ein Konzert! So viel Hoffnung für so viele Menschen! Kaum war der letzte Ton verklungen, dankte UN-Generalsekretär Kofi Annan in London allen engagierten Musikern: »Ich glaube, dass Ereignisse wie diese wirklich dazu beitragen können, die Welt zu verändern.« Für Microsoft-Gründer Bill Gates war es »das Beste, was die Menschheit jemals getan hat«, für Nelson Mandela war es schlicht »ein Akt der Gerechtigkeit«. Man müsse eben »schubsen, schubsen, schubsen«, sagte Oberschubser Campino. Nun liegt es nur noch an den Staatschefs der G 8, dass die Welt eine bessere wird. Green-Day-Frontmann Billie Joe Armstrong brachte es auf den Punkt: »Ihr seid die verdammten Führer, ihr habt die Macht.« Die Macht zur endgültigen

**Wiedervereinigung von
Pink Floyd!**

21. Januar 2006

VERBOTEN

Guten Tag, meine Damen und Herren.

Der Rocksänger Bono erhält den Deutschen Medienpreis 2005. Die Ehrung für den Iren, der sich für die Belange armer afrikanischer Staaten einsetzt, findet am kommenden Dienstag in Baden-Baden statt. Die Laudatio hält der ehemalige Außenminister Joschka Fischer. Au, au, au, das tut weh. Aber es geht noch weiter. »Bono ist ein Kreuzritter im Dienste Afrikas, der seinen Ruhm und Erfolg nutzt, um den Menschen auf dem Kontinent zu helfen«, sagte Media-Control-Chef Karlheinz Kögel gestern. »Er hat sich das Engagement zur Lebensaufgabe gemacht.« Tief Luft holen jetzt. Wir sind fast durch.
Zu den prominenten Gästen zählen unter anderem Thomas Gottschalk, Peter Maffay und Marius Müller-Westernhagen. Uff.

Gratulation. Sie haben gerade die schlimmste Meldung des Jahres überlebt.

6. Februar 2006

VERBOTEN

Guten Tag, meine Damen und Herren!

verboten verpflichtet sich hiermit verbindlich, zwecks Wogenglättung künftig über seinen Schatten zu springen und …
… abfällige Bemerkungen über die Romane von L. Ron Hubbard zu unterlassen.
… keine schlüpfrigen Witze über die vielen Arme von Schiwa zu reißen.
… Manitou in seinen ewigen Jagdgründen ruhen zu lassen und nicht aufzuwecken.
… Odin nicht mit der rechtsgerichteten Jugend Brandenburgs in Verbindung zu bringen.
… niemals einem Sikh zu raten, er möge sich die Haare schneiden lassen.
… Buddhas Übergewicht nicht anzusprechen.
Im Gegenzug fordert *verboten*, dass nun auch seine religiösen Gefühle respektiert werden:

Mammon ist überhaupt nicht schnöde!

17. August 2006

VERBOTEN

**Guten Tag,
meine Damen und Herren!**

Alle Welt spricht von erneuerbaren Energien. Na gut, vielleicht nicht alle Welt. Aber nur ein gewisser deutscher Großdichter – nennen wir ihn umständehalber SS, nein, besser GG, also Gigi – nutzt seit 1945 seine ganz eigenen erneuerbaren Energien, die er poetisch eine »nachwachsende Scham«« nennt. Die Haare ließ er sich schneiden, die Finger- und Zehennägel maniküren. Nur um die nachwachsende Scham kümmerte sich Gigi persönlich. Rückte er mit dem Rasenmäher an? Nein, den lästigen Rohstoff verwandelte er in bedruckte Seiten und ein solides Brett vorm Kopf. Was aber machte Gigi jahrelang mit all der überschüssigen Restscham? *verboten* vermutet mal:

Die rauchte er in der Pfeife.

3. Januar 2007

VERBOTEN

**Guten Tag,
meine Damen und Herren!**

Mit Erleichterung hat *verboten* ein Urteil zur Kenntnis genommen, nach dem die beiden Ali-G-Imitatoren »Erkan & Stefan« kein (wir wiederholen: kein) Monopol auf den typischen Sprachstil türkischstämmiger Jugendlicher haben. Am Dienstag war das Duo vor dem Landgericht München mit seiner krassen Klage gegen eine österreichische Schnellimbiss-Kette gescheitert, die wo sich getraut hatte, ihren Kebab-Burger mit dem Begriff »krasser Kebab« zu bewerben. Die Checker vonne Börse reagierten lässig auf das Urteil, die Kurse für den endscharfen »typischen Sprachstil türkischstämmiger Jugendlicher« schlossen vollfett ins Plus, Alder, isch schwöre.

Schade, dass *verboten* da keine Aktien drin hat.

16. Juni 2007

VERBOTEN

**Guten Tag,
verehrte Kunstfreundinnen
und -freunde!**

Gerade dieser Tage wieder verbreiten Banausen, dem Genuss moderner Kunst müsse das intensive Studium hochtheoretischer Aufsätze vorausgehen, weil man sonst als Kunstfreund vor dem Fridericianum stehe wie der Ochs vorm Berg. Falsch! *verboten* zeigt in drei einfachen Schritten, wie Sie auch ohne Kenntnis von Konstruktivismus, Dekonstruktivismus oder gar Jonathan Meese in Kassel eine gute Figur machen:

1. Bei Kunstverdacht sofort den Kopf schief legen und wissend lächeln.
2. Weiterlächeln, einfach weiterlächeln.
3. Treten wissend lächelnde Kunstfreunde hinzu, schnell die Stirn runzeln und kopfschüttelnd weiterspazieren.

Klappt immer! Und:

Obacht vor den verdammten Feuerlöschern!

14. Juli 2007

VERBOTEN

**Guten Tag,
meine Damen und Herren!**

Die Rolling Stones haben am Donnerstag ihre Welttournee unterbrochen, um für einen Abend und eine Gage von vier Millionen Euro vor 600 geladenen Gästen der Deutschen Bank aufzuspielen. Vier Millionen? 600 Gäste? Wir rechnen: Bei einem Jahresüberschuss von 5 986 000 000 Euro (2006) könnte die Deutsche Bank die Rolling Stones insgesamt vier Jahre, einen Monat und fünf Tage lang jeden Abend auftreten lassen. Vier Millionen Euro Gage für vier Bandmitglieder – das macht eine Million Euro pro Rock-Opa. Vier Millionen Euro Gage für ein Publikum von 600 Gästen, das macht 6 666,66 Euro pro Gast – und diese wahrhaft satanische Zahl gibt uns einen Geschmack vom Charakter der Veranstaltung:

Es war die Hölle.

12. Oktober 2007

VERBOTEN

**Guten Tag,
meine Damen und Herren!**

Auch schon die neue Radiohead runtergeladen? *verboten* interessiert sich brennend (!) für moderne Vertriebswege und kann daher die Aufregung über das kostenlos runterladbare Album der britischen Rockgruppe nicht teilen, denn: *verboten* gibt's seit je kostenlos im Internet. Was es bisher nicht gab: die konkurrenzlose *verboten*-Platinum-Special-Edition-Deluxe-Box! Sie enthält die Versionen *verboten*-Digital und *verboten*-Print + »The Making-of« *verboten* + »Deleted Scenes« + alternative Pointen + interaktiver *verboten*-Generator (Mac-/Linux-kompatibel) zum Selberverbieten + Audiokommentare der Macher + *verboten*-T-Shirt (Größe: XS bis XL)

Eat this, »Streiflicht«!

23. Juli 2008

VERBOTEN

Guten Tag,
**mein lieber
Radovan Karadžić,**

inzwischen steht fest: Ich werde in diesem Prozess gegen Sie nicht Zeuge sein. Ich möchte es nicht. Ich will es nicht. Ich kann es nicht. Dabei wüsste ich keinen Haupt- oder den ausschlaggebenden Grund dafür anzuführen, dass für meine Person die Zeugenrolle in diesem Verfahren nicht in Frage kommt. Es ist also nicht erklärbar mit dem Faschismus, mit dem Nationalismus, mit dem serbokroatischen Un-Selbst, Nicht-Dasein; womit aber dann? In einer dunklen Nacht jedenfalls ging ich aus meinem stillen Haus, um im Einbaum durch die Niemandsbucht der Gerechtigkeit zu paddeln und, unter Tränen fragend, mir doch noch ein Flugticket nach Den Haag zu besorgen, allein: »Ausverkauft!«, rief es mir; leider, ja.

**Innig bis inniglich,
Ihr Peter Handke**

13. August 2010

VERBOTEN

**Guten Tag,
meine Damen und Herren!**

Zu den Geheimnissen von *verboten* gehört neben Computerspielen bekanntlich sein Interesse an Archäologie. Mit Spannung hat *verboten* zur Kenntnis genommen, dass 2008 im Harz ein altes Schlachtfeld gefunden wurde, bei dem eine römische Kohorte noch 200 Jahre nach der Varusschlacht eine Germanenhorde in Grund und Boden stampfte, die ihnen dort aufgelauert hatte. Jetzt wurden die Ausgrabungen gestoppt, weil auf dem Schlachtfeld eine Granate und eine Panzerfaust gefunden wurden! *verboten* meint: Entweder stammen die scharfen Waffen aus dem Zweiten Weltkrieg. Oder aber die Römer haben damals eindeutig

gecheatet.

24. August 2010

VERBOTEN

Uff,

die neue Version des Schießspiels »Medal of Honor« spielt nicht wie die meisten Szenarien des Genres im Zweiten Weltkrieg, sondern in Afghanistan. Und wie bei solchen Spielen üblich darf man nicht nur die Guten (Alliierte) spielen, sondern auch die Bösen (Taliban). Während man seit Jahren unbehelligt als Nazi ballern darf, setzt nun Aufregung ein: Der britische Verteidigungsminister Liam Fox nannte das Spiel »ekelhaft«, empfahl den Boykott, andere Politnasen melden sich ebenfalls. Diese schwiegen übrigens zumeist, als Wikileaks ein Video veröffentlichte, das zeigte, wie US-Soldaten im Irak grundlos Zivilisten von Bord eines Hubschraubers abknallten.

Aber das war ja auch Ernst.

VERBOTEN

**Guten Tag,
meine Damen und Herren!**

Was wäre *verboten,* wenn man all die literarischen Werke, die *verboten* geformt haben, aus ihrer Erinnerung löschen würde? Werke, die ihr den Unterschied zwischen gut und gut gemeint gelehrt haben; Werke, die *verboten* an entlegene Flecken, in längst vergangene Zeiten und in tiefste Seelengründe geführt haben. Werke wie:
»Der geteilte Pimmel«
»Stör mal«
»Schundheitsmuster«
»Was keift«
»Geschlechterramsch«
»Bumsfallera«
»Unter den Binden«
»Kein Witz. Nirgends«
Und natürlich:

**»Nachtreten gegen
Christa W.«**

19. Mai 2000

VERBOTEN

**Guten Tag,
meine Damen und Herren!**

Seit gestern Abend ist Verona Feldbusch im »Big-Brother«-Haus. Sitzt sie jetzt drin oder draußen? Bisher dachten wir ja immer, wir befinden uns in der wirklichen Wirklichkeit, also draußen, und schauen von dort voll ironisch distanziert auf Verona Feldbusch, die drin sitzt, mitten in der inszenierten Wirklichkeit, im Zoo der Medien. Aber wenn Verona jetzt von drinnen, aus ihrem Zoo, in den Container gezogen ist – wo ging sie dann hin? Von drinnen nach draußen? Aber wenn »Big Brother« draußen ist, wo befinden wir uns dann eigentlich? Drinnen oder draußen? In der Realität oder im Container? Sind vielleicht wir die wahren Verona Feldbuschs und die blöde Verona die einzig Normale? Ja, ja, das sind so Identitätsfragen, die selbst für Sloterdijk eine Nummer zu groß wären. Prince kennt das alles. Der US-Rockstar hieß erst Prince, dann The Artist Formerly Known As Prince, dann Symbol. Jetzt will er wieder Prince genannt werden. Wahrscheinlich hieß Verona Feldbusch früher Hildegard Hamm-Brücher. Das erklärt alles.

Aber nicht weitersagen.

17. Juli 2000

VERBOTEN

**Guten Tag,
meine Damen und Herren!**

Das wird noch Konsequenzen haben! Ist schließlich oft genug darüber geredet worden. Stand doch in allen Zeitungen. Das war ja wohl Konsens, dass man sich dieser Sache verweigern muss. Wir alle. Keine Ausreden jetzt: Jeder wusste Bescheid. Kann man um Himmels willen nicht einmal – ein einziges Mal nur! – fest zusammenstehen? Wo es doch so dringend nötig gewesen wäre! In unser aller Interesse dazu. Diese verdammte Unfähigkeit, gemeinsam Verantwortung zu übernehmen! Gibt es denn keinen Funken Solidarität mehr? Hat doch eigentlich so gut geklappt in letzter Zeit. Die alten Probleme hätten bald schon keinen Menschen mehr interessiert. Man konnte fast wieder neue Hoffnung schöpfen. Was hat er denn schon versprochen? Mit schnödem Geld hat er gelockt! Aber deswegen gleich umzufallen … Es ist doch eine altbekannte Tatsache: Diesem Mann darf man nichts geben. Sonst will er mehr.
Dass Frau Juhnke den Wirt, der ihrem Gatten (71) nach drei Jahren Abstinenz acht Wodka und zehn Whisky ausgeschenkt hat, jetzt vor Gericht bringen will, ist also in Ordnung.

Aber voll.

23. August 2000

VERBOTEN

**Guten Tag,
meine Damen und Herren!**

»Lotto-Millionär ›Karl-Heinz‹ ist immer noch nicht aufgetaucht«, behauptet die Nachrichtenagentur dpa. Nach der Ziehung der Lottozahlen vor dreizehn Tagen hatte der Losinhaber »Karl-Heinz« einen Gewinn von 20 Millionen Mark nicht abgeholt. Weil er im Urlaub sei, wie dpa vermutet: »Wahrscheinlich überlegt er gerade, ob er sich noch eine Currywurst leisten kann, dabei könnte er das Hotel kaufen.« Gestern ist ihm das Geld überwiesen worden. Seitdem wird bei der *taz* gefeiert. Denn »Karl-Heinz« ist keineswegs im Urlaub, sondern geht jeden Tag seiner Arbeit im vierten Stock des *taz*-Gebäudes an der Kochstraße in Berlin nach: Es handelt sich bei »Karl-Heinz« um den *taz*-Geschäftsführer Karl-Heinz Ruch, aus dessen Büro seit gestern regelmäßig das typische Geräusch dringt, das beim Öffnen einer Champagnerflasche entsteht.
Das Problem ist nur: Der Mann will uns nichts abgeben von seinem plötzlichen Reichtum. Er weigert sich sogar zuzugeben, dass er die Kohle hat. Dass er der ominöse Karl-Heinz ist.
Die Abo-Abteilung muss sich entscheiden: Soll man die bisher aufs ganze Land ausgedehnten Anstrengungen, neue AbonentInnen zu gewinnen, fortan auf eine einzige Person konzentrieren? Dem eigenen Geschäftsführer eine Kampagne widmen? Besser nicht. Am Ende ist er's doch nicht. Und trinkt aus Verzweiflung.

Wir halten uns lieber an Sie.

23. Juni 2001

VERBOTEN

Ey, Dr. Ed!

Wir sind (bum bum bum) heute totaaal (zzt zzt zzt) im Christopher-Street-Day-Fieber, Herr Dr. Ed (bum bum zzt zzt), und können Sie so schlecht verstehen (zzt bum zzt bum bum!!!). WAS HABEN SIE GESAGT? Sie möchten auch mitgehen? Sie wissen nur nicht genau, was man zu solch einem besonderen Anlaß trägt?? (zzt) Wie wär's denn mit einem spitzen Versace-BH, einem pinkfarbenen Leder-Stringtanga, Slade-Plateaustiefeln und einer Pfauenfeder im Allerwertesten (bum bum)? Wie, Sie haben das Gefühl, das stünde einem zukünftigen Bundeskanzler nicht gut zu Gesicht? (triller) Damit würden Sie auf einige WählerInnen und Wähler unglaubwürdig wirken? (triller triller)

I wo!

9. August 2001

VERBOTEN

**Grüße aus dem Urlaub
Heute: Doktor Edmund Stoiber**

Guten Tag, meine sehr verehrten *verboten*-Leser,

ich bin noch nicht im Urlaub, aber ich schreibe Ihnen schon jetzt, denn was du heute kannst besorgen, sagt ein bayerisches Sprichwort, Sie kennen es. Sie wissen auch: Für mich als bayerischen Ministerpräsidenten und Vorsitzenden der CSU gibt es nicht Arbeit und Urlaub, nur Bayern, da können sich die SPD-regierten Bundesländer eine Scheibe abschneiden vom Spitzenreiter Bayern unter der erfolgreichen Führung der Christlich-Sozialen Union, deren Vorsitzender ich bin.

**Liebe Grüße, Ich (CSU),
Doktor Edmund Stoiber**

10. August 2001

VERBOTEN

**Grüße aus dem Urlaub
Heute: Claudia Roth**

Liebe *verboten*-LeserInnen,

hier auf Sylt ist es ganz wunderbar. Ich habe viele Anregungen sammeln können für eine grüne Politik der Zukunft. Spielende Kinder: Familienpolitik. Wanderdünen: Ein- und Auswanderung. Krabbenpuhlen: ökologische Lebensmittel. Und – darauf bin ich fast ein bisschen stolz: Nach dem Vorbild dieser superschönen Insel werden die Grünen künftig Gryne heißen. Klingt nach mehr. Geheimnisvoll/Zukunftsfähig/Anders!
Wy wyr, dy Grynen.

**Herzlyche Gryße,
Yhre Claudya Roth**

13. August 2001

VERBOTEN

Grüße aus dem Urlaub
Heute: Angela Merkel

Mmmmmhh,

ich liebe Nelliyattu, meinen indischen Ayurveda-Masseur. Wie zart seine flinken Hände den ganzen Zuwanderungs-Spendenaffären-Schmu aus mir herausstreichen, mmmmhh … Eigentlich müsste ich arbeiten: Bald geht die Tour-Tour durch Deutschland los, aber dafür habe ich irgendwie nicht den Kopf frei. Obwohl Nelliyattu ihn gerade so sanft … oh Gott, warum kann er nicht in Berlin arbeiten? In der Parteizentrale? Ich muss noch mal über Zuwanderung nachdenken.

Mmmmmhh,
Angela Mmmmmerkel

29. Oktober 2001

VERBOTEN

Guten Tag,
meine Damen und Herren!

Altbundespräsident Roman Herzog hat sich den Frust über seinen ehemaligen Amtssitz, das Schloss Bellevue in Berlin, von der Seele geplappert. Im Hessischen Rundfunk beschwerte er sich über die »Bruchbude, die man dem Bundespräsidenten dort zumutet«. Zwar hält Herzog sein gegenwärtiges Domizil – die Burg Jagsthausen – trotz eines »gewissen Reizes« besonders im Winter für »beschwerlich«. Dennoch sei das Leben dort »nicht so schlimm wie im Schloss Bellevue«. *verboten* schlägt daher vor, den Amtssitz des Bundespräsidenten in die repräsentative Burg Neuschwanstein zu verlegen. Und Bellevue? Nun, in der Redaktion einer optimistischen Tageszeitung werden schon eifrig die Umzugskisten gepackt … Halt! Moment! Was soll das? Nicht meinen Bildschir

Wer den Wasserschaden hat …

5. Januar 2002

VERBOTEN

**Guten Tag,
meine Damen und Herren!**

Alle reden vom Wetter, aber keiner redet von der Geschlechtsumwandlung, der das Wetter zu Beginn des neuen Jahres unterzogen wurde. Hieß das aktuelle Hoch vor dem Jahreswechsel noch Beate, wurde es pünktlich zu Neujahr umoperiert und heißt seitdem Alf. Der jungen Transe geht es den Umständen entsprechend gut, auch wenn sie bzw. er unter heftigen Kältewellen leidet, heißt es in sexualmeteorologischen Kreisen. Das Geschlecht wechsle jährlich, in geraden Jahren sei das Hoch männlich, erläuterte der Deutsche Transendienst in Potsdam. Noch sei die Vorzeigetucke ganz in Weiß gehüllt, doch bei einer hippen Hoppe wie Alf müsse man mit mancher Geschmacksverirrung rechnen. Der Frühling bringe dann wohl Glitterlook und Plateausohlen.

***verboten* meint:
Hauptsache, es wird wieder wärmer.**

6. Februar 2002

VERBOTEN

**Bonjour,
Messieurs et Mesdames!**

Es war einmal, rund 210 Jahre ist es her, da haben unsere französischen Freunde für eines der drängendsten Probleme der Zeit eine saubere Lösung gefunden: die Guillotine. Übrig blieb eine angenehm stille Reserve adliger Damen und Herren. Schön war die Zeit – und heute? Nichts als Majestäten, Hoheiten und Infanten beherrschen all unsre Regenbogenköpfe. Jetzt hat sich der arme Gemahl der dänischen Königin über die mangelnde Zuneigung des Dänenvolkes und seiner Regentenfamilie beschwert. Prinz Henrik auf der Erbse ist zutiefst beleidigt und hat so eine Staatskrise ausgelöst. Der gebürtige Franzose zog sich auf sein bescheidenes südfranzösisches Weinschloss zurück, um eine »lange, lange Denkpause« einzulegen. Lange Denkpause?

***interdit* empfiehlt die
französische Lösung:
»Allons, enfants!«**

7. März 2002

VERBOTEN

Guten Tag, meine Damen und Herren!

Schlagersängerin Michelle hat das Tabu gebrochen. Jetzt kann auch *verboten* endlich zugeben: Als erste Kolumne der Welt hat sich *verboten* liften lassen. Nicht, dass *verboten* schlechte Chancen hätte auf dem Kontaktmarkt. Im Gegenteil. Angebote gibt es genug. Nur: Wer will schon mit dem vergeistigten »Streiflicht«, dem Sonntagsschwadroneur Axel Hacke oder dem *Bild*-Unterhosenbeleuchter Franz Josef Wagner zusammengehen? Eben. *verboten* hat beschlossen: Alles dient nur dem eigenen Wohlbefinden. Sprache straffen, Ecken und Kanten abschleifen, flachere Passagen silikonieren, Metaphern aufspritzen. Und jetzt noch verbotenes Fett absaugen lassen:

verboten **blickt in den Spiegel und meint: Geil!**

20. August 2002

VERBOTEN

Guten Tag, meine Damen und Herren!

Die Berner Innenstadt soll von Donnerstagmittag an 24 Stunden lang nicht gereinigt werden. Ziel des »Nichtreinigungstages« sei es, der Öffentlichkeit vor Augen zu führen, wie viel Abfall innerhalb eines einzigen Tages anfalle, teilte die Berner Direktion für Planung, Verkehr und Tiefbau am Montag mit. Der eingesammelte Abfall soll dann am Freitag zu einem Gedenkhaufen aufgetürmt werden. Und das finden die Berner originell? In Berlin ist das normal, da grenzt es schon an ein Wunder, wenn man – besonders in Kreuzberg und Friedrichshain – nicht einmal täglich in den ein oder anderen großen Gedenkhaufen hineintappt. An jeder Ecke stolpert der Hauptstädter über Mahnmale wider das Müllvergessen, die stete Erinnerung an Dreck und Abfall ist garantiert.

Und das ist auch gut so!

16. November 2002

VERBOTEN

**Guten Tag,
meine Damen und Herren!**

Nach der »friendship« mit den USA zerbröselt nun auch das traditionell zärtliche Verhältnis zwischen Deutschland und England. Als »Hunnen«, »Krauts« oder »Obersturmbannführer« wurden zwei deutsche Mitarbeiter der britischen Filiale von Motorola gemobbt. Kollegen sollen im Stechschritt durchs Büro marschiert sein und Lieder über Hitler gesungen haben. Es wurden Hitler-Hits wie »Stairway To Hitler«, »Shine On You Crazy Hitler« und »Hitler In The Sky With Diamonds« vorgetragen und die Schlittschuhrevue »Hitler On Ice« aufgeführt. Aber: »Es ging nicht nur um Deutsche«, sagt einer der Gemobbten, »sie haben auch Witze über Schwarze gemacht, die Franzosen, die Japaner.«
Und das macht *verboten* erst richtig sauer, denn:

Wenn schon gehasst, dann bestgehasst!

2. Juli 2003

VERBOTEN

**Guten Tag,
meine Damen und Herren!**

Kinderkriegen ist wieder en vogue. Und sei es auch nur, um damit der Arbeitslosigkeit zu entgehen. Prominente Flitzpiepen machen's vor, machen Mut. Verona Feldbusch: schwanger. Sarah Connor: schwanger. Steffi Graf: schwanger. Prenzlauer Berg: schwanger. Und Frauke Ludowig ist gestern erst 3 140 Gramm leichter geworden. Aber jetzt fangen die Probleme erst richtig an, denn: Wodurch könnte man die Wortungetüme Alleinerziehendemutter respektive Alleinerziehendervater ersetzen? Vorschlag der Gesellschaft für deutsche Sprache (GfdS): »Das Elter« soll nach dem Willen der Sprachhygieniker die neue geschlechtsneutrale Bezeichnung für Single-Eltern im Singular sein. *verboten* meint, dass »Mutter« und »Vater« oder »der/die Alte« doch gar nicht so schlecht …

… O GOTT! Die WEHEN setzen ein!

3. November 2003

VERBOTEN

**Guten Tag,
meine Damen und Herren!**

Am 10. November erscheint die Autobiografie von Boris Becker mit dem unprätentiösen Titel: »Äh ...«, nein: »Augenblick, verweile doch ...!« *verboten* ist es gelungen, sich die Vorabdruckrechte zu sichern, und veröffentlicht auszugsweise und in loser Folge die tollsten Kapitel:

»*... als der Ball übers Netz geflogen gekommen war, da prügelte ich ihn einfach mit meinem Schläger zurück, rannte nach links, als der Ball auch schon wieder übers Netz geflogen kam, weshalb ich ihn mit meinem Schläger zurückprügelte und nach rechts rannte, da kam der Ball schon wieder, diesmal aber nach links, ›Mist!‹, dachte ich, hechtete und schlug den Ball zurück, rappelte mich auf, als der Ball wieder übers Netz geflogen kam, weshalb ich ihn einfach wieder zurückschlug, und zwar mit meinem Schläger ...*«

Lesen Sie in der nächsten Folge: die Stelle mit der Besenkammer.

2. Januar 2004

VERBOTEN

**Guten Tag,
meine Damen und Herren!**

Der römische Kurienkardinal Joseph Ratzinger hat die Äußerungen von Bundespräsident Johannes Rau zum Kopftuchverbot für muslimische Lehrerinnen scharf kritisiert. »Der Herr Bundespräsident hat uns am Ende dieses Jahres eine sehr merkwürdige Belehrung erteilt«, sagte Ratzinger beim Jahresabschlussgottesdienst im Regensburger Dom. Die Ausübung der Religion dürfe nicht auf die Privatsphäre beschränkt werden. »Ich würde keiner muslimischen Frau das Kopftuch verbieten, aber noch weniger lassen wir uns das Kreuz als öffentliches Zeichen einer Kultur der Versöhnung verbieten«, sagte der Präfekt der römischen Glaubenskongregation im Vatikan. Am Ende seiner sehr merkwürdigen Belehrung sagte der Herr Kurienkardinal dann noch den schönen Satz: »Durch das Kreuz wird niemand beleidigt und wird niemandem Gewalt angetan.«

***verboten* glaubt fest:
Das dürfte Jesus anders gesehen haben.**

20. Januar 2005

VERBOTEN

Guten Tag, meine Damen und Herren!

Wegen der schnellen Aufklärung im Fall Moshammer durch eine DNA-Analyse drängen viele Politiker auf eine rasche und umfassende Ausweitung dieser Methode zur Ermittlung krimineller Subjekte.
verboten hat eine weiße Weste und präsentiert freiwillig seinen »genetischen Fingerabdruck«:
GAACAC TTCTAT AACGTT TTGGAG AACGAT GCGCAA GELOGEN GTGGCA CTTTCT AAAGGG GGGTTA AAGGCA CGTAGC ATGTTT CCITTC GTGGGC TAAGTT NASEBOHRENATATAT TATTGA CCTAAA ATTTCA ATTACA TGATTC AGTTGC TGTCGA AAGCG AAAGCT IN WASCHBECKEN PINKELN AATGCT ATGCTT AAGGCT GTACAG GAGAGA TTCTAT TACCAT TTGGAG AAAGGG CGTAGC WIEDER NICHT GESCHIRR GEWASCHEN ATGTTT CCITTC GTGGGC TAAGTT ATATAT TATTGA CCTAAA ATTTCA ATTACA GTGGAG AAATAG KONSUM VON THC GAACAC TTCTAC ATGTTT CCITTC GTGGGC

So, damit dürften alle Verbrechen dieser Welt aufgeklärt sein!

17. März 2006

VERBOTEN

Guten Tag, meine Damen und Herren!

Der hessische Innenminister Volker Bouffier (CDU) hat einen neuen Einbürgerungstest vorgestellt, der gestern die *Bild*-Zeitung zur Frage veranlasste: »Könnten Sie Deutscher werden?« – *verboten* antwortet: »Wie? Noch deutscher? Unmöglich!«, und kontert mit einem eigenen Fragebogen: »Könnten Sie *verboten*-Leser werden?«
1. Wann wurde *verboten* eingeführt?
2. Wo hat *verboten* seinen Hauptsitz?
3. Ist *verboten* die »erste Zärtlichkeit des Tages«?
4. Könnte *verboten* auch »Tagesschau« heißen?
5. *verboten* ist schwul. Wie reagieren Sie?
6. *verboten* ist doch nicht schwul. Und jetzt?
7. In welcher Tageszeitung steht *verboten*?
8. Ist *verboten* überhaupt erlaubt?

Haben Sie's beantworten können? Dann ab damit in den Papierkorb! Oder an

Volker Bouffier

1. April 2006

VERBOTEN

**Guten Tag,
meine Damen und Herren!**

Nach dem Cicero-Ranking der 500 wichtigsten deutschen Intellektuellen präsentiert *verboten* die zehn wichtigsten Listen aller Zeiten:

10. Einkaufsliste
9. Die Zehn Gebote
8. Franz Liszt
7. Forbes-Liste
6. Liz Taylor
5. Schindlers Liste
4. List (Sylt)
3. Gästeliste (+ 1)
2. Unesco-Liste Weltkulturerbe

Am allerwichtigsten aber ist – auch beim Verfassen von Listen:

1. Listen to your heart

3. Mai 2006

VERBOTEN

**Guten Tag,
meine Damen und Herren!**

verboten präsentiert die von Hans-Christian Ströbele geforderte Nationalhymne auf Türkisch:

Hey Einischkeit, voll Recht,
krass Freiheit!
Für das Deutsch-Türkische –
hey, Alter-Land!
Hast du voll Glück, du Spast!
Hey, da guckst du, Affe!
Isch bin dein Bruder, hey! Mit
Herz und krass gib Hand!
Hey Einischkeit, voll Recht,
krass Freiheit!
Hast du voll Glück, hey! Und
fett Flaschenpfand!
Krass, dir blüht Krankenhaus-
Glanz, isch schwör!
Blühe, deutsch-türkisches, hey,
Alter-Land.
Türkiye, Türkiye über alles

Über alles – echt voll krass!

12. Mai 2006

VERBOTEN

**Guten Tag,
meine Damen und Herren!**

Im Streit um das Antidiskriminierungsgesetz soll sich Bundesjustizministerin Brigitte Zypries (SPD) gestern im guten Ton vergriffen haben. Als die Union ein Sonderrecht für die Kirchen verlangt habe, damit diese keine Mitarbeiter fremder Konfessionen einstellen müssten, sei die Ministerin ausgerastet: »Das Selbstbestimmungsrecht der Kirchen geht mir am Arsch vorbei!«
verboten ist über diese »unglaubliche Entgleisung« (Norbert Geis, CSU) enttäuscht. Auch ihr eigener Sprecher erklärte, eine solche Äußerung entspreche »nicht ihrem Sprachgebrauch«, eigentlich habe sie sagen wollen: »Die Kirchen können mich mal, und zwar kreuzweise!«

Aber das fällt einem ja immer erst hinterher ein.

3. November 2006

VERBOTEN

**Guten Tag,
meine Damen und Herren!**

Das Europäische Zentrum für Antiziganismusforschung in Hamburg hat gegen »Borat«-Darsteller Sacha Baron Cohen Strafanzeige erstattet. Auch Fernsehsender, die Werbespots zu dem Film ausgestrahlt haben, sollen sich vor Gericht verantworten.
Es geht bei dem Streit um die »Jeep-Szene« im Werbetrailer zum Film: Darin erkundigt sich der kasachische Borat bei einem Autohändler, ob ein Geländewagen der Marke Hummer beschädigt werde, wenn er in eine Gruppe »Zigeuner« fahre.
Diese Filmaussage ist natürlich politisch absolut unkorrekt. Es hätte selbstverständlich heißen müssen:

in eine Gruppe »Sinti und Roma«!

8. November 2006

VERBOTEN

Guten Tag, meine Damen und Herren, werte Seniorinnen und Senioren!

Die Kacke ist am Dampfen. Mit diesem Satz wäre grob zusammengefasst, was die neueste Bevölkerungsvorausberechnung des Statistischen Bundesamtes ergeben hat. Zum Entsetzen aller Ägyptologen wird sich die beliebte Bevölkerungspyramide bis 2050 umgekehrt und in einen dieser zwiebelförmigen Kirchtürme verwandelt haben, wie sie heute schon mahnend in Bayern herumstehen. Der dröge Durchschnittsdeutsche wird 2050 nicht mehr 42, sondern 62 Jahre alt sein (Ausnahme: Johannes B. Heesters mit telegenen 87). Wer nun glaubt, ihn beträfe das alles nicht, weil er das Jahr 2050 »irgendwo am Meer mit Angeln oder so« verbringen wird, der irrt:

Die Meere sind schon ab 2048 leer gefischt. Tja.

22. August 2007

VERBOTEN

Guten Tag, meine Damen und Herren!

Im sächsischen Mügeln macht eine Gruppe Jagd auf Ausländer, die braven Mügelner aber haben damit nichts zu tun. »Das waren Auswärtige«, sagt der Bürgermeister. Also Ortsfremde. Also Fremde. Also Ausländer. Vielleicht kamen sie aus dem Nachbardorf. Oder gar aus einem Nachbarland. Aus Sachsen-Anhalt? Oder Polen? Oder gar aus Pakistan? Das würde zumindest erklären, warum es an dem Abend gegen Inder ging, während die »Fidschis« nebenan in Ruhe gelassen wurden, wie echte Mügelner Einheimische berichten.
Wie auch immer, korrekterweise lautet die Nachricht folglich: Ausländer jagen Ausländer. Das passiert ja ständig, vor allem im Ausland.

Und es geht uns zum Glück nichts an.

15. Mai 2008

VERBOTEN

**Guten Tag,
meine Damen und Herren!**

Laut einer neuen, bestürzenden Studie wird in Deutschland jedes dritte Kind an der Schule gehänselt, verspottet, ausgegrenzt und gemobbt. Häufigste Aufhänger für die Hänsler, Spotter, Ausgrenzer und Mobber seien Äußerlichkeiten wie Übergewicht, Kleidung, Frisur sowie Verhaltens- und Ausdrucksweisen.
verboten meint: Dieses jede dritte Kind ist eindeutig selbst schuld! Warum ist es denn auch so irrsinnig fett? Was sollen die blau gefärbten Haare mit dem Lametta drin? Und diese quietschende Ritterrüstung, die es immer trägt? Warum spricht jedes dritte Kind nur in fünfhebigen Jamben? Kleiner Tipp, für den Anfang: Einfach mal …

… ohne Aktenkoffer in die Schule gehen!

20. Mai 2008

VERBOTEN

**Guten Tag,
meine Damen und Herren!**

Psychologen der Universitäten Leipzig und Zürich haben ermittelt: Viele ältere Deutsche haben ihre Erlebnisse im Zweiten Weltkrieg auch sechs Jahrzehnte danach noch nicht verarbeitet! Demnach litten rund 3,4 Prozent der 60- bis 93-Jährigen am sogenannten posttraumatischen Belastungssyndrom (PTBS) in Form von Schlafstörungen, Albträumen und Depressionen. »Es ist eine vergessene Generation«, meint einer der Psychologen. Die Ärmsten! *verboten* meint: Reden wir wirklich über die gleiche Generation, die ihrerseits damals in ganz Europa für Schlafstörungen, Albträume, Depressionen und totale Vernichtung gesorgt hat? *verboten* kennt da eine einfache PTBS-Therapie, sie beginnt mit dem Satz:

»Opa, erzähl vom Krieg!«

22. Oktober 2008

VERBOTEN

**Guten Tag,
meine Damen und Herren!**

verboten stellt ernüchtert fest: Ausgerechnet im kinderfreundlichen Deutschland herrscht »Rechtsunsicherheit« für Kindertagesstätten in reinen Wohngebieten. Einerseits will jeder eine Kita in seiner Nachbarschaft. Andererseits will niemand eine Kita in seiner Nachbarschaft. Darum stellt *verboten* seinen Platz als Kita zur Verfügung! Hintergrund ist eine Meldung aus Hamb ... Vincent! Nicht die Lisa an den Haaren ziehen! Entschuldigung. Also: In Hamburg ... Hey! Jason-Rolf! Lass deine Strumpfhose an! In Hamburg jedenfalls öffnet nun eine Kita trotz ... Leon! Du sollst nicht kratzen! ... Gerichtsbeschluss ... äh, Moment: Lena, gib doch bitte Lara den Hammer zurück! ... geöffnet. Friedrich! Jetzt reicht's:

***verboten* sucht neue Räume! Mit Keller!**

3. Februar 2009

VERBOTEN

**Guten Tag,
meine Damen und Herren,**

was hat sie nicht alles getan, um zu gefallen.
Sie hat gehungert.
Sie hat sich liften und vier Rippen entfernen lassen für die schlanke Taille.
Sie hat ihre Haare ruiniert mit ständigem Blondieren und Extensions.
Sie hat Millionen ausgegeben für immer neue Designerkleider.
Sie hat immer gelächelt, auch dann, wenn ihr nicht danach war.
Ihre Haltung war stets einwandfrei.
Und sie hat geschwiegen. Immer.
Sie war die perfekte Frau.
Jetzt ist sie 50. Keiner will sie mehr haben.

Arme Barbie.

10. März 2009

VERBOTEN

Guten Tag, meine Damen und Herren!

verboten-Service-Spezial! Alles, was Sie über unseren brandneuen Wirtschaftswunderminister wissen müssen! Karl-Theodor Freiherr von und zu Guttenberg (38) sieht hervorragend aus und entstammt einem urwüchsigen Altadelsgeschlecht. An der Seite von Hermann dem Cherusker schlug er (bzw. sein prächtiges Geschlecht) kurz nach Christus die Römer in die Flucht, bevor er 1450 den Buchdruck erfand und bald darauf, am 20. Juli 1944, den Tyrannen Adolf Hitler meuchelte (um ein Haar!). Verheiratet ist der attraktive CSU-Streber mit der Gebirgsjägerbrigade 23, seinen Wehrdienst leistete er in der Gräfin-Stephanie-von Bismarck-Schönhausen-Ribbentrop.

***verboten*-Fazit: Deutschland ist gerettet!**

12. März 2009

VERBOTEN

Guten Tag, meine Damen und Herren!

Nach dem Amoklauf von Winnenden überschlagen sich die Experten wieder mit Vorschlägen zur Prävention. Denn schon im Vorfeld einer solchen tragischen Tat gibt es Warnsignale: Ihr Kind plant nur dann garantiert kein Massaker, wenn es …

… gerne Mozarts frühe Streichquartette hört.

… nächtelang am Computer »Die Sims« spielt.

… sich ehrenamtlich bei Attac engagiert.

… Gedichte schreibt à la Erich Fried.

… im Keller seltene Orchideen züchtet.

… immer häufiger fröhliche Farben trägt.

… Amokläufe »irgendwie uncool« findet.

… überhaupt gar keine Probleme hat.

… ein Mädchen ist.

Alle Angaben wie immer ohne Gewehr.

18. März 2009

VERBOTEN

**Guten Tag,
meine Damen und Herren!**

Als bei seinem Flug auf dem Weg nach Afrika sehr überraschend und mit einem ohrenbetäubenden Knall alle vier Triebwerke explodierten, Teile der Kabine herausgerissen wurden und das Flugzeug in einer engen Abwärtsspirale gen Boden trudelte, da reagierte allein Papst Benedikt XVI. gewohnt ruhig und besonnen: »Man kann das Absturzproblem nicht durch die Verteilung von Fallschirmen regeln«, brüllte der Pontifex weise in den orkanartig aufbrausenden Wind und die allgemeine Panik hinein: »Ihre Benutzung verschlimmert vielmehr das Problem!« Die Lösung liege in einem »spirituellen und menschlichen Erwachen« und »Freundschaft für die Leidenden«. Diese Gelassenheit wirkte irgendwie

ansteckend.

20. März 2009

VERBOTEN

**Guten Tag,
meine Damen und Herren!**

verboten enthüllt exklusiv den Inhalt der aus der Schweiz an den preußischen Bundesfinanzminister Peer Steinbrück verschickten Drohbriefe: »Grüß Gott, sehr geehrter Herr Steinbrück. Bitte lassen Sie unser liebes Bankgeheimnis in Ruhe. Vielen Dank im Voraus, unterwürfigst: Ihr Anonymus«. Schlimm! Oder: »Lieber Herr Steinbrück, ich bin ein großer Bewunderer Ihrer Kunst. Weiter so! Ihr Speichelleckerli«. Übel! *verboten* schenkt Herrn Steinbrück deshalb diesen Gratiswitz zur Beruhigung: Ein Deutscher will in einer Schweizer Bank Geld anlegen. »Was wollen Sie denn einzahlen?«, fragt der Bankangestellte. Flüstert der Kunde: »Eine Million.« – »Sie können ruhig lauter sprechen«, antwortet der Angestellte:

»Armut ist hier in der Schweiz keine Schande.«

15. Mai 2009

VERBOTEN

Guten Tag, meine Damen und Herren!

Erschreckendes kommt aus dem Dunkel deutscher Haushalte ans Licht: Einer topaktuellen Studie nach fühlen sich Hausfrauen stärker gestresst als Topmanager. *verboten* ruft ins Eigenheim: Tun Sie was, simulieren Sie Macht! Feuern Sie den Vorstand – oder zumindest die Putzhilfe. Zahlen Sie Schmiergelder an den Zeitungsjungen. Verzocken Sie das Taschengeld Ihrer Kinder. Bezahlen Sie sich selbst Lustreisen ins Warme. Fordern Sie Sonderzahlungen von der Rentenversicherung. Streichen Sie einige Posten auf Ihrer Steuererklärung.

Und all das immer schön unter den Teppich kehren!

14. April 2010

VERBOTEN

Guten Tag, meine Damen und Herren!

Silke Lautenschläger (CDU), die hessische Ministerin für Verbraucherschutz, ist eine Frau, die Probleme erkennt, wenn man sie ihr direkt auf den Bauch schnallt. Damit also Fuchs und Hase sich wieder unbehelligt eine gute Nacht wünschen können und der Hund in der Pfanne nicht vor Ekel verrückt wird, will Lautenschläger jetzt allen Ernstes den 1969 abgeschafften Tatbestand der »widernatürlichen Unzucht« mit Tieren wieder unter Strafe stellen. Problem erkannt, Problem gebannt! *verboten* meint, als Nächstes sollte jetzt konsequenterweise sexbesessenen Kindern jeder Verkehr mit einer wirklich gefährdeten Spezies verboten werden:

mit katholischen Priestern.

28. Juli 2010

VERBOTEN

**Guten Tag,
meine Damen und Herren!**

Neulich hat Eva Herman die Loveparade als »ein Sodom und Gomorrha« bezeichnet, hinter deren »katastrophalen Folgen« sie »ganz andere Mächte« vermutet, die dem »schamlosen Treiben« ein Ende gesetzt hätten. Dem widerspricht nun Nikolaus Schneider, seines Zeichens Ratsvorsitzender der Evangelischen Kirche in Deutschland: »Gott hatte die Menschen nicht verlassen, die in der Massenpanik um ihr Leben gefürchtet und gekämpft haben.« Nach *verboten*-Informationen stand Gott sogar mitten im Gedränge! Obwohl ihm dort dauernd auf den Bart getreten wurde, lauschte er glücklich und weggetreten

all den Stoßgebeten.

30. August 2010

VERBOTEN

**Guten Tag,
meine Damen und Herren,**

Wahnsinn! Berliner Forscher entdeckt neues Gen: »Alle Juden teilen ein bestimmtes Gen«, hat Dr. Sarrazin herausgefunden. Wie so viele sensationelle Entdeckungen (Penizillin, Amerika) ist auch diese einem Zufall geschuldet. Eigentlich war der Forscher auf der Suche nach dem »Tele-Gen«, als er auf das »Juden-Gen« stieß. Dessen Auswirkungen bedürften weiterer Untersuchungen, jedoch sei zu vermuten, dass es mit dem »Vermö-Gen« zusammenhänge, die Form der Nase bestimme, das intellektuelle Potenzial erhöhe und zu einem Drang nach Weltherrschaft führe. Bekannt wurde Dr. Sarrazin, als er ein anderes Gen erforschte:

das Demago-Gen.

5. Oktober 2010

VERBOTEN

**Allahu Akbar,
Herr Geis von der CSU,**

Sie sind irritiert. Weil der Bundespräsident gesagt hat, dass der Islam zu Deutschland gehört. Das, sagen Sie, sei, nun ja, hihi, in einer ansonsten so großartigen Rede irgendwie missverständlich, weil der Islam nun ja, hehe, nicht so zu Deutschland gehöre wie das Judentum und das Christentum und dieses Missverständnis, huhu, nun ja, das müssten Sie mal aufklären. Wie bei Ömmeleien von Leuten Ihres Schlags üblich, sagen Sie natürlich nicht, was Sie eigentlich sagen wollen und wo der Islam denn nun hingehört. *verboten* sagt es so: Solange der Islam in Deutschland nicht so sehr dazugehört wie das Judentum vor siebzig Jahren

ist das schon okay so.

25. Oktober 2010

VERBOTEN

**Guten Tag,
meine Damen und Herren!**

Neues von damals: Unabhängige Wissenschaftler haben herausgefunden, dass während des Nationalsozialismus das von Außenminister Joachim von Ribbentrop (NSDAP), Staatssekretär Ernst von Weizsäcker (SS), Unterstaatssekretär Martin Luther (SA), Unterstaatssekretär Ernst Woermann (SS) und »Judenreferatsleiter« Franz Rademacher (NSDAP) geleitete Auswärtige Amt keine Bastion des Widerstandes war. Vielmehr waren die allermeisten Beamten in die Verbrechen des Nationalsozialismus verstrickt und wirkten sogar am Holocaust mit. Nach diesen schockierenden Enthüllungen stellt sich die Frage:

**Was wusste die
Reichskanzlei?**

VERBOTEN

**Guten Tag,
meine Damen und Herren!**

Heute ist Volkszählung. Und *verboten* zählt mit: Ein Deutscher, zwei Deutsche, drei Deutsche, vier Deutsche, fünf Deutsche, sechs Deutsche, sieben Deutsche, acht Deutsche. Durchatmen. Und weiter: Da ein Deutscher, dort ein Deutscher, er ein Deutscher, sie eine Deutsche, links ein Deutscher, rechts ein Deutscher. Hört das denn nie auf? Noch ein Deutscher, noch ein Deutscher, Deutsche satt. Da muss ein Nest sein. Viele Deutsche, genug Deutsche, tonnenweise Deutsche, Horden von Deutschen, ein Meer von Deutschen, Deutsche, so weit das Auge reicht. Und wie die aussehen! Millionen, Abermillionen Deutsche. Glauben Sie nicht?

Dann zählen Sie doch nach.

28. April 2000

VERBOTEN

**Guten Tag,
meine Damen und Herren!**

Ein ganzes Land ist am absoluten Tiefpunkt. Es beschäftigt sich eigentlich nur noch mit einer verzweifelten Frage: Woran liegt es? Daran, dass die Mannschaft kein System hat? Keine Ordnung? Keine Philosophie? Daran, dass selbst die viel gerühmten nationalen »Tugenden« perdu sind?
Tja: Nach dem 0:20 gegen Kuwait ist die Verzweiflung in Bhutan natürlich groß. Zu Recht? Vielleicht war Kuwait einfach eine Nummer zu groß. Die sind ja gut. Fast so gut wie die Schweiz. Vielleicht sollte sich Bhutan auf andere Gegner konzentrieren – die schlechtesten Fußballteams der Welt: Also Samoa, Montserrat, Guam, Somalia, Turks&Caicos Islands, Mongolei, Anguilla, Virgin Islands, Seychellen, São Tomé e Príncipe, Belize, Brunei, Cookinseln, Kap-Verde-Inseln, Aruba, Tonga – oder, um ganz sicher zu gehen: Grönland. All diese Mannschaften haben doch sicher auch kein System. Keine Ordnung. Keine Philosophie. Und sie haben nicht nur keine bhutanischen Tugenden mehr – sie haben wahrscheinlich nie welche gehabt!
So betrachtet ist es eigentlich jammerschade, dass die alle nicht

bei der EM mitmachen.

13. Juni 2000

VERBOTEN

**Guten Tag,
meine Damen und Herren!**

Jetzt hat die Fußball-Europameisterschaft endlich auch Gottes Segen bzw. den seiner Stellvertreter auf Erden: »Wir freuen uns über die EM«, sagte Hannovers evangelische Landesbischöfin Margot Käßmann am »Tag der christlichen Kirchen« während des Turniers. »Motive für die Idee einer Europameisterschaft« fänden sich schon in der Bibel, gab Käßmann der EM einen biblischen Hintergrund.
Halt! Stopp! So einen Mumpitz würde eine Bischöfin doch niemals sagen. Wie kann denn auch Fußball in der Bibel vorkommen – europäischer zumal? Unser Fehler. Wir haben uns bedauerlicherweise mal wieder verlesen. Statt EM muss es Expo heißen. Der »Tag der christlichen Kirchen« fand auf der Weltausstellung in Hannover statt. Richtig ist, dass es in der Bibel »Motive für die Idee einer Weltausstellung« geben soll. Wir entschuldigen uns bei Bischöfin Käßmann dafür, dass wir sie fast für eine dümmliche Ranschmeißerin gehalten hätten.

Wir beten weiter.

22. August 2001

VERBOTEN

Schumi wieder Weltmeister!

Da flieht ein Mann von Ort zu Ort, / denn schön ist sein Gesicht nicht. / Die Makel blühen eifrig fort; / zumal das Kinn erpicht nicht:

So eckig ist's! So groß, so feist, / so krank wie eine Schwellung. / Es ist, wie seine Form beweist, / in Dauerangriffsstellung.

Es reckt sich hart wie eine Faust / der Welt als Feind entgegen. / Ein Antlitz, da ein solches haust, / ist frei von Reiz und Segen. /

Man wählt sein Äußeres nicht frei. / Doch schmerzt mich schlicht zu sehr / dies Kinn! In diesem Konterfei! / Von diesem Kerpener!

Thomas Gsella

11. Juni 2002

VERBOTEN

Guten Tag,
meine Damen und Herren!

Nach dem WM-Spiel gegen Russland (1:0) am Sonntag in Yokohama hinterließ das japanische Team seine Kabine wie geleckt. »Normalerweise findet man nach den Partien Bananenschalen, Flaschen oder andere Dinge. Doch die Kabine der Japaner sah aus, als wäre überhaupt keiner drin gewesen«, berichtete am Montag Keith Cooper, Mediendirektor des Fußball-Weltverbandes Fifa. »Das ist völlig ungewöhnlich.« Nun soll geprüft werden, ob die Japaner tatsächlich auf dem Spielfeld und in den Kabinen gewesen sind – und ob das 1:0 nur Resultat einer virtuellen Simulation gewesen ist. Japaner sind für ihre Fertigkeiten in der modernen Technologie weltweit bekannt, jedoch bei der virtuellen Simulation von Bananenschalen hapert es bei ihnen bekanntlich noch.

Aber sie arbeiten daran!

14. Juni 2002

VERBOTEN

**Guten Tag,
Bischof Hans C. Knuth!**

Fernsehmoderator Gerhard Delling hat gesündigt. Meinen Sie. Nach dem Sieg gegen Kamerun sagte er: »Es ist vollbracht.« Unbedacht sei das gewesen, meinen Sie. Immerhin sei Jesus mit diesen Worten am Kreuz gestorben. Mein lieber Herr Knuth! Wenn Sie wüssten, was Delling jeden Abend nach Sendeschluss betet. *verboten* hört alles:
»Ich glaube an Ball, den Runden, den Allmächtigen, den Schöpfer des Sieges und der Niederlage. Und an Rudi Völler, seinen eingeborenen Sohn, unseren Teamchef. Er sitzt zur Rechten Franzens, des allmächtigen Kaisers; von dort wird er flanken, zu richten die Schießenden und die Köpfenden. Ich glaube an den Heiligen Geist von Spiez, den heiligen Deutschen Fußball-Bund, Gemeinschaft der Fans, Vergebung der Nachwuchsarbeit-Sünden, Auferstehung in der 89. Minute und das ewige Wunder von Bern.«

Amen.

1. November 2002

VERBOTEN

**Guten Tag,
meine Damen und Herren!**

Kein Wunder, dass unseren amerikanischen Freunden die Galle hochkommt, wenn sie an Deutschland denken in der Nacht. Nun fordert der deutsche Umweltminister Jürgen Trittin die USA vorwitzig heraus und auf, das Klimaschutzabkommen von Kioto zu unterschreiben. Dabei muss jedem denkenden Menschen einleuchten, dass Washington das Protokoll gar nicht unterschreiben kann. Das wäre ja so, als ob der FC Bayern München den Dalai Lama als Spielmacher verpflichten und anschließend aus der Champions League fliegen würde. Ach, genau das ist passiert?

**Darüber sollte
Jürgen »Lama« Trittin mal nachdenken.**

18. November 2002

VERBOTEN

**Guten Tag,
meine Damen und Herren!**

Entsetzen macht sich breit auf Deutschlands Fußballfeldern: Nur noch Rudel, wohin das Schiedsrichterauge nicht reicht, nur noch rote Karten für Treter, Rempler, Rudelführer. Da muss was passieren! Die Schiedsrichter haben jetzt ein Angebot des rheinland-pfälzischen Innenministeriums angenommen – und nehmen in der Winterpause an einer Polizeischulung zur Gewaltprävention teil. Auf der Tagesordnung stehen:

1. Die Kesseltaktik;
2. Der richtige Umgang mit Gummiknüppeln;
3. Der elegante Schiedsrichtergriff;
4. Wie lege ich eine Zwangsweste an;
5. Wie nehme ich die Klappmesser ab.

Das ist zumindest ein Anfang. Noch besser ist aber die Idee von Uli Hoeneß. Der Bayern-Manager fordert einen »runden Tisch«. Vorteil:

Der Platz ist auf dem Spielfeld schon eingezeichnet!

23. April 2003

VERBOTEN

Die Effe-Abrechnung.

Am 8. Mai erscheint Effes Buch. Eine Skandalrakete. Der deutsche Fußball zittert schon. *Bild* beginnt erst am Dienstag mit dem Vorabdruck. *verboten exklusiv* präsentiert bereits heute: Die Effe-Abrechnung. Folge 1: »Stress im Anzug« *»Neuen Trainingsanzug gekauft, 180 Euro bezahlt. Hat mir zuerst super gefallen. Wegen der Farbe. Geiles Tiger-Gelb. Dann Stress. Die Hose scheuert. Im Schritt. Unprofessionell. Das Ding kann ich praktisch wegschmeißen. Ist völlig wertlos, das Scheiß-Ding. Wie Lothar. Lothar, leck mich doch!«*

Morgen in *verboten exklusiv* – Folge 2: »Martina, wo sind meine Adiletten!«

24. April 2003

VERBOTEN

Die Effe-Abrechnung.

Am 8. Mai erscheint Effes Buch. Der deutsche Fußball zittert schon. *Bild* beginnt am Dienstag mit dem Vorabdruck. *verboten exklusiv* präsentiert bereits seit gestern: Die Effe-Abrechnung.
Folge 2: »Martina, wo sind meine Adiletten!«
»Scheiße. Wo sind die Dinger? Ohne kann ich nicht zum Training. Bekomme doch so leicht Fußpilz. ›Martina, wo sind meine Adiletten!‹ Martina brüllt zurück: ›Nimm die Füße vom Tisch und such sie selber.‹ Mist! Aber nicht mit mir, einem Effe: Dafür bekommt Lothar nachher auf die Socken. Lothar, leck mich doch!«

Morgen exklusiv – Folge 3: »Ich will mehr Taschengeld!«

25. April 2003

VERBOTEN

Die Effe-Abrechnung.

Am 8. Mai erscheint Effes Buch. *Bild* beginnt am Dienstag mit dem Vorabdruck. *verboten exklusiv* präsentiert bereits seit Mittwoch: Die Effe-Abrechnung.
Folge 3: »Ich will mehr Taschengeld!«
»Scheiße. Verdiene hier sechs Millionen, aber keinen Pfennig in der Tasche. Das geht nicht. Heute ist Zocken angesagt. Im Casino. Sau rauslassen. Aber schon wieder Lothar anpumpen? Okay, besser als Streit mit Martina. Und Lothar zahl ich's eh doppelt und dreifach heim! Lothar, leck mich doch!«

Morgen Folge 4: »Wer Freunde braucht, hat's wohl nötig!«

26. April 2003

VERBOTEN

Die Effe-Abrechnung.

Am 8. Mai erscheint Effes Buch. Alle zittern. *verboten exklusiv* weiß schon jetzt, warum: Folge 4: »Wer Freunde braucht, hat's nötig!«
»Der schwerste Bericht meines bisherigen Lebens! Durch Dummheit und verbrecherischen Ehrgeiz hat eine kleine Gruppe von Lumpen versucht, mich zu beseitigen. Schon am 19. Juli hatte ich so ein komisches Gefühl im Magen. Eva sagt, sie möchte gerne bei mir sein. Muss ihr immer wieder sagen, sie ist in der jetzigen Zeit für mich nur eine Belastung. Lothar, leck mich doch!«

Montag, Folge 5 – exklusiv: »Was wusste Tatjana Gsell?«

28. April 2003

VERBOTEN

Die Effe-Abrechnung.

Am 8. Mai erscheint Effes Buch. Die ganze Welt zittert bereits. Und *verboten exklusiv* weiß schon seit Tagen, warum: Letzte Folge: »Was wusste Tatjana Gsell?«
»Deutscher Meister. Schön. Gut. 18 Mal. Und? Ist doch lächerlich. Für den FC Bayern München. Und für mich. Sollen sie den Pokal doch auch noch holen. Doch ein richtiger Champion? Nein! Wann und warum hat der FC Bayern München die Champions League geholt? Genau richtig: 2001 – und nur mit mir, mit einem Effe! Lothar, leck mich doch!«

Morgen übernimmt *Bild*, was von der Effe-Abrechnung jetzt noch übrig blieb.

28. Juni 2003

VERBOTEN

Guten Abend allerseits.

Guten Abend allerseits. Abend allerseits. Allerseits. Allerseits.

verboten **ist offizieller Einstimmer auf die ARD-Sportschau und die Bundesliga 2003/04.**

,

8. September 2003

VERBOTEN

Prosit, Waldemar Hartmann!

Was antworteten Sie Samstagabend live in der ARD auf die Behauptung Ihres Interviewpartners Rudi Völler, Sie, Waldi, hätten zum Zeitpunkt des Interviews schon »drei Weizenbiere getrunken«? Erstens tränken Sie kein Weizenbier, und außerdem gebe es in Island auch gar kein Weizenbier. Das war gelogen, Waldi. Mal abgesehen davon, warum jemand recherchiert, ob es an einem Ort Weizenbier gibt, der sowieso kein Weizenbier trinkt.
Selbstverständlich gibt es in Reykjavík Weizenbier. Und zwar Erdinger Weiße – im Café Rennslan gleich neben dem Hotel Borg. Übrigens kostet ein Weizenbier da 790 isländische Kronen – das sind etwa neun Euro. Bei drei nichtgetrunkenen Weizenbieren heißt das: Sie haben 27 Euro gespart, Waldi.

Darauf einen Dujardin.

3. Dezember 2003

VERBOTEN

**Guten Tag,
meine Damen und Herren.**

Fußballstar Stefan Effenberg will seine Verurteilung wegen Beleidigung anfechten. Das Amtsgericht Braunschweig hatte dem 35-Jährigen in der vorigen Woche eine Geldstrafe von 100 000 Euro aufgebrummt, weil er einen Polizisten bei einer Verkehrskontrolle als »Arschloch« beschimpft haben soll. Der Sportler hatte dies im Prozess bestritten. Er habe dem Beamten nur einen »schönen Abend noch« gewünscht. Diese Verurteilung will Effenberg nicht akzeptieren. Gegenüber *verboten* begründete er seine Anfechtung mit den Worten, das »verfickte Gericht« könne sich sein Urteil »in den Arsch schieben«.
Moment, stimmt nicht. Er sprach so undeutlich. Sagte er vielleicht, ein »verflixtes Gedicht« habe er bis »in den Abend geschrieben«? Oder sprach er eigentlich von einem »Linsengericht« mit »Parmesan, gerieben«?

Versteh einer diesen Effe.

25. Februar 2004

VERBOTEN

**Guten Tag,
meine Damen und Herren!**

Tetrahydrocannabinol (THC) ist jedem ein Begriff, der sich gerne mal ein paar gemütliche Stunden macht. Tetrahydrogestrinon (THG) dagegen kennen all jene, die gerne mal ein paar hektische Sekunden schneller sein wollen. Nachdem vier US-Leichtathleten des THG-Dopings überführt worden sind, müht sich die Sport-Supermacht um Sorgenzerstreuung. Man werde ein »sensationelles« und »sauberes« Team zu den Olympischen Spielen nach Athen schicken, versprachen die Verantwortlichen. Gut so! *verboten* fordert schon lange mehr Transparenz und schlägt vor, die Athleten in getrennten Wettbewerben antreten zu lassen. So wären etwa zwei parallele »Tour de France«-Rundfahrten denkbar – mal mit »sauberen«, mal mit »sensationellen« Radlern. Während die »Sauberen« noch strampeln, können sich die »Sensationellen« im Ziel schon mal ein paar

gemütliche Stunden machen.

19. August 2005

VERBOTEN

**Guten Tag,
meine Damen und Herren!**

Der Sportchef der ARD, Gerhard Delling, soll Moderator der »Tagesthemen« werden. Das ist gut so! Mit Delling endet erstens die Ära des dampfplaudernden Wetter-Heinis Kachelmann, mit Delling beginnt zweitens die Ära des Wetter-Chefanalytikers Günter Netzer.
Sagt Delling zu Netzer: »Günter, das Wetter!«
Sagt der Netzer: »Ich kann es nicht glauben, wie morgen das Wetter wird. Dem stehe ich atemlos gegenüber. Das Wetter muss endlich aus seinen Fehlern lernen. Von der Sonne erwartete ich mehr. Da ist heute viel zu wenig gekommen. Die Sonne muss Dominanz ausüben. So ein Augusttag ist ein echter Maßstab für das Wetter. Da muss man Lehren draus ziehen aus dem Vortag. Vor allem diese Sonne – wenn wir Weltwetter werden wollen. Sie haben doch keine Ahnung vom Wetter,

Herr Delling!«

4. Juli 2006

VERBOTEN

Buon giorno, liebe Italiener!

Im Spiel gegen das weitgehend unbesiegbare Italien kommt es laut Michael Ballack heute Abend vor allem »aufs Publikum« an.
Stimmt das? *verboten* zitiert aus einem Spielbericht des römischen Experten Cassius Dio Cocceianus: *»Denn das Gebirge war voller Schluchten und Unebenheiten, und die Bäume standen so dicht und waren so übergroß, dass die Italiener auch schon, ehe die Feinde über sie herfielen, sich, wo nötig, abmühten, die Bäume zu fällen, Wege zu bahnen und Dämme zu bauen. Der Boden aber, schlüpfrig geworden um die Wurzeln und Baumstümpfe, machte sie unsicher beim Gehen, und die Kronen der Bäume, abgebrochen und herabgestürzt, brachten sie in Verwirrung …«*

Fazit: Auf den Platzwart kommt's an!

11. Juli 2006

VERBOTEN

**Guten Tag,
meine Damen und Herren!**

Die WM 2006 in Deutschland ist Geschichte, die WM 2010 in Südafrika sowohl chronologisch als auch topografisch sehr, sehr, sehr weit weg. Und nun? Nun wird uns wieder der Alltag in Empfang nehmen, als wären wir leere Pfandflaschen. Nun hat aber der Alltag einen eher schlechten Ruf. Er gilt als bleiern, zehrend, langweilig, kompliziert und wird oft unterschätzt. Beim Wiedereinstieg in den Alltag ist zu beachten: Statt fußballrasengrün ist er regenwolkengrau. Er wird nicht von Fouls oder Halbzeiten, sondern nur von Sonn- oder Feiertagen unterbrochen. Man kommt auch ohne Ticket rein, darf sofort mitspielen und wird nur selten ausgewechselt. Gut, bis auf *verboten* hat der Alltag keine offiziellen Sponsoren.

**Aber keine Sorge:
Die Bandenwerbung bleibt.**

19. Juli 2007

VERBOTEN

**Guten Tag,
meine Damen und Herren!**

Nicht nur *verboten* hat sich schon häufiger gefragt, wie diese Rennradfahrer bei der Tour de France es bloß schaffen, genauso schnell zu fahren wie die sie begleitenden Motorräder. Jetzt, wo endlich wieder einmal alles klar ist (Doping!), sind die Reaktionen beim betroffenen Team T-Mobile entsprechend. Manche der Drahtesel-Piloten sind im »Schockzustand«, andere empfinden »Häme«, gewisse Manager würden am liebsten »einfach draufhauen«, wohingegen Kritiker anmerkten, das Medikamentenproblem hätte »so 'n Bart«. *verboten* hält deshalb alle für verdächtig, weil ihre Äußerungen auf einen erhöhten Testosteronwert schließen lassen.

Mit Östrogen wäre das nicht passiert!

12. Juni 2008

VERBOTEN

Guten Tag, meine Damen und Herren!

verboten interessiert sich eigentlich nicht die Bohne für Fußball. Neulich aber sah *verboten* zufällig »Griechenland gegen Schweden« – und war begeistert! Das Spiel ging, sinngemäß zusammengefasst, so: Fyssas passt zu Dellas, Dellas gibt ab an Kapsis, Kapsis schiebt den Ball zu Seitaridis, der spielt rüber zu Basinas, Basinas zögert kurz und bedient Zagorakis, Zagorakis passt zu Giannakopoulos, der hält den Ball für eine Weile, späht, läuft zwei Schritte – und macht dann einen Rückpass zu OE Fyssas! Fyssas passt zu Dellas, Dellas gibt ab an Kapsis, Kapsis schiebt den Ball zu Seitaridis usw. usf. ad infinitum. *verboten* meint: Dagegen waren selbst die trübsten Tragödien von Sophokles oder Aischylos

reinste Screwball-Comedy.

19. Juni 2008

VERBOTEN

Guten Tag, meine Damen und Herren!

In Unkenntnis der exakten Fifa-Regeln fragen sich viele Leserinnen und Leser: Was, wenn sich der deutsche Bundestrainer Joachim Löw auch im heutigen Spiel gegen Portugal nicht benehmen kann? Wird er dann der Tribüne verwiesen? Und ob! *verboten* hat recherchiert: Widersetzt Löw sich auf der Tribüne schiedsrichterlichen Anweisungen, wird er auf den Parkplatz vor dem Stadion verwiesen. Widersetzt er sich auch da, muss er auf den Frauenparkplatz ausweichen. Kann er sich dort nicht benehmen, muss er in einem Hubschrauber über dem Stadion kreisen. Fällt er weiter unangenehm auf, darf er sich das Spiel zwar zu Hause vorm Fernseher anschauen.

Aber nur mit Sonnenbrille. Und ohne Handy.

19. Mai 2009

VERBOTEN

**Guten Tag,
meine Damen und Herren.**

Was bedeutet es, wenn Wolfsburg Meister wird? Wo ist die Moral – wer braucht das – zeigt es, dass man mit Geld alles erreichen kann – oder mit Magath – oder mit Geld und Magath – ist es überflüssig wie der Touareg – oder die Stadt – ist es der Beweis, dass Unternehmen keine Fußballklubs besitzen sollten – oder dass alles den Bach runtergeht – was hat das mit dem Stadt- und Werksgründer Adolf Hitler zu tun? Das fragt man sich in den Fußball- und Philosophenstuben im ganzen Land. *verboten* präsentiert heute exklusiv die Antwort auf die Frage, was eine deutsche Meisterschaft für Wolfsburg bedeutet:

Football's Coming Home.

10. Februar 2003

VERBOTEN

**Guten Tag,
meine Damen und Herren!**

Eine verirrte Wildsau hat ein deutsches Krankenhaus in Schrecken versetzt. Das Wildschwein war am Samstag mit drei Artgenossen durch die automatischen Schiebetüren in die Eingangshalle gelaufen. Während die drei anderen Tiere bald zurück ins Freie fanden, sprang die Sau so vehement gegen die wieder geschlossene Tür, dass sie sich nicht mehr öffnen ließ. Daraufhin galoppierte das verängstigte Tier durch die Flure. Einem Polizisten gelang es schließlich, die Eingangstür so weit auseinanderzudrücken, dass das Wildschwein hindurchgetrieben werden konnte. *verboten* erstickt alle schlimmen Gerüchte schon im Keim:

Donald Rumsfeld ist wohlauf!

2. Mai 2003

VERBOTEN

**Guten Tag,
meine Damen und Herren!**

Die englische Polizei hat sich etwas Neues einfallen lassen: Sie stellt in einigen Orten lebensgroße Papppolizisten auf. Eine Polizeisprecherin erklärte am Donnerstag, die zweidimensionale Verstärkung sei kein Ersatz für echte Bobbys. Die Pappkameraden würden aber den Eindruck verstärken, dass die Polizei auf der Straße präsent sei. Eine Aktion, die *verboten* sehr begrüßt und aufgreift, um an dieser Stelle ein Papp-*verboten* aufzustellen. Wie ein *verboten*-Sprecher am Donnerstag erklärte, sei die zweidimensionale Verstärkung zwar kein Ersatz für ein echtes *verboten*. Der Pappkamerad würde aber den Eindruck verstärken, dass *verboten* in der Zeitung präsent sei.

Es lebe die Feiertagsfaulheit.

25. Juni 2003

VERBOTEN

**Guten Tag,
meine Damen und Herren!**

Die USA sind bekanntlich God's own einwanderungscountry. Deshalb kann uns auch eine Untersuchung des Dortmunder »Vereins Deutsche Sprache« nicht überraschen, nach der Deutschstämmige die größte Bevölkerungsgruppe in den Staaten stellen: 80 Millionen Amerikaner sind deutschen Blutes, gehen aber nicht mehr von deutschem Boden aus. 80 Millionen, das ist immerhin fast ein Drittel aller US-Einwohner. In der US-Kultur haben sie deutliche Spuren hinterlassen (Raketentechnik, Relativitätstheorie, Rhythm 'n' Blues). *verboten* hat sich erst mal einen Taschenrechner geschnappt und nachgerechnet: Quasi die Hälfte aller Irgendwiedeutschen lebt in den USA. Anschließend hat *verboten* für fünf Cent mitgedacht und ruckzuck das Rentenproblem gelöst:

Ami, come home!

22. Juli 2003

VERBOTEN

**Guten Tag,
meine Damen und Herren!**

Die Braunschweiger Polizei will ausländische Eltern künftig besser über Straftaten ihrer Kinder informieren. Seit Montag erhalten die Eltern zusätzlich ein Anschreiben in ihrer Muttersprache. Darin werden sie aufgefordert, ein Gespräch mit den Ermittlern über mögliche Hilfen in Anspruch zu nehmen. *verboten* meint: Nur so können halbkriminelle Jugendliche vor dem endgültigen Abrutschen in die Legalität bewahrt werden: »Bei seinem nächsten Einbruch sollte Ihr Sohn die Gemälde nicht unbeachtet lassen.« Oder: »Augen auf beim Autoklau! Sind TÜV und ASU noch gültig?« Denkbar wäre auch: »Flüchtigkeitsfehler beim Handydiebstahl: Daheim ist die Enttäuschung oft groß, wenn veraltete Modelle entwendet werden!« Wenn aber auch gutes Zureden nicht hilft, wird umgeschult:

auf Wirtschaftskriminalität.

9. August 2003

VERBOTEN

**Guten Tag,
meine Damen und Herren.**

Die Polizei warnt vor einem Ansteigen der allgemeinen Aggression. Grund: die andauernde Hitze. »Wenn die Menschen zu wenig trinken, kommt es zu Dehydrierungseffekten. Auch der Schlafentzug spielt eine Rolle, weil die Menschen wegen der Hitze schlechter schlafen«, sagte Sibylle Dörflinger, Diplompsychologin bei der niedersächsischen Polizei.
Soso, die Polizei. Mal wieder besonders schlau. Die haben doch KEINE AHNUNG! Wenn man aus dem Biergarten heimfahren will, halten die EINEN AUF! Stellen DUMME FRAGEN! Mäkeln an unserem FAHRRAD HERUM! Wir wollen doch HEIM! Endlich wieder SCHLAFEN! Haben die nichts Besseres zu tun?! ES IST ZUM KOTZEN! Was meinen Sie? Wir sollen uns mal lieber ABREGEN? Hier nicht so HERUMSCHREIEN?

WIR SCHREIEN NICHT!!!

2. September 2003

VERBOTEN

**Guten Tag,
meine Damen und Herren!**

Das neue Fach »Umgang, Benehmen, Verhalten« soll Schülern in Deutschland den Knigge nahebringen. Denn: »Die Schmerzgrenze war erreicht«, so ein Schulleiter. »Hurensohn« sei noch das freundlichste Schimpfwort gewesen. Jetzt wird alles besser: »Hurensohn« heißt künftig »Abkömmling einer professionellen Lebedame«. Statt »Ey, willste Gras?« gibt es nun ein höfliches »Entschuldige bitte, dürfte ich dir etwas von meinen THC-haltigen Substanzen anbieten?«. Und das beliebte »Du Geld, sonst Faust!« wird ersetzt durch: »Ich hoffe, du hast Verständnis dafür, dass ich dich mit Nachdruck darum bitten muss, mir Teile deines Vermögens zu übereignen.«
verboten meint: Bravo! Das ist es, was sie brauchen, die künftigen Arbeitslosen … – pardon,

die vorsorglich freigestellten Nachwuchsarbeitnehmer.

19. Dezember 2003

VERBOTEN

**Guten Tag,
meine Damen und Herren!**

Fünf Monate nach dem Tod des Komikers Bob Hope im Alter von 100 Jahren ist nach Angaben von US-Medien ein Flughafen in Los Angeles nach ihm benannt worden. *verboten* unterstützt die pfiffige Idee, landesweit belachte Spaßmacher als Namenspatrone von Flughäfen einzusetzen. »Willy Millowitsch Airport« beispielsweise klingt wesentlich luftiger als »Köln-Bonn«. Der Segelflugplatz im schwäbischen Nürtingen heißt längst »Harald-Schmidt-Show Luftfeld«.
Und was spricht dagegen, das geplante Großdrehkreuz Berlin-Schönefeld auf den elektrisierenden Namen »Dieter Hallervorden International« zu taufen?
verboten meint: Niemand muss sich schämen, nur weil der örtliche Flughafen nach einem drolligen Clown benannt ist, der zeitlebens immer für einen Lacher gut war. Die stolzen Münchner hat's ja auch nicht gestört. Der dortige Flughafen heißt schließlich allen Ernstes

»Franz Josef Strauß«

11. März 2004

VERBOTEN

**Guten Tag,
meine Damen und Herren!**

Kennen Sie das Gefühl? Plötzlich steht ein Bote vor Ihrer Tür, die leckere Pizza im Anschlag – aber Sie haben gar nichts bestellt! Tja, sehr unangenehm. Vor allem für den armen Boten, der mit seiner Pizza vor einer fremden Tür steht, ungeliebt, verlacht, verstoßen …
Ebenso fehl am Platze fühlen sich wohl auch 64 Söldner, die am Sonntag mitsamt ihrer Boeing 727 in Simbabwe festgenommen worden sind. Die kunterbunte Truppe hätte so gerne irgendwo einen leckeren Kleinkrieg abgeliefert – dick mit Krise belegt, Mord und Totschlag kosten extra. Aber niemand hat sie bestellt. Als Söldner kann man da ins Grübeln kommen: Hat sich die Kampfausbildung gelohnt? Ist Afrika eine militärische Dienstleistungswüste? Hat das Kriegshandwerk noch goldenen Boden? Und wo war nochmal die Nummer von

Call-a-Clausewitz?

5. April 2005

VERBOTEN

Grüß Gott,
liebe Päpstinnen und Päpste!

Neues von Karol Wojtyla, dem Superpapst mit Pfiff! Am Freitag ist Himmelfahrt! Auf dem Weg ins Himmelreich hat der Verstorbene gerade den obligatorischen Boxenstopp im Purgatorium eingelegt. Im Fegefeuer, einer Art Sündendusche zur Seelensäuberung, wird die Läuterung der Seele eingeläutet. Damit der Verstorbene später im Himmel nicht unangenehm auffällt. Zwar erleidet der »Jahrtausendpapst« (*Bild*-Zeitung) dort exakt dieselben Qualen, wie sie auch in der Hölle oder bei einem Konzert der schwäbischen Rockband Pur üblich sind – aber nur so lange, bis er von allen Sünden reingewaschen ist, was in seinem Fall ziemlich fix gehen dürfte. Insgesamt dauert die Reise von Rom ins Himmelreich etwas länger als 14 Stunden, im Liegewagen, viermal umsteigen, Fahrradmitnahme reservierungspflichtig, Preisauskunft nicht möglich, aber bestimmt erschwinglich. Vor allem für einen

Reisepapst mit Partner-BahnCard.

10. Juni 2005

VERBOTEN

Guten Tag,
meine Damen und Herren!

Ganz Deutschland diskutiert über den richtigen Umgangston mit Bundespräsident Horst Köhler. *verboten* hat sich für Sie schlau gemacht: Schreien Sie Ihren Bundespräsidenten nie hysterisch an, wenn er ein Kommando nicht befolgt! Vermitteln Sie ihm sein Fehlverhalten mit ruhiger Stimme. Drängen Sie ihn niemals in die Enge. Damit provozieren sie einen angstbedingten Angriff (wenn der Bundespräsident noch kein Vertrauen zu Ihnen aufgebaut hat oder verhaltensgestört ist!). Belohnen Sie ihn, wenn er folgsam war, etwa mit Futter, Spielzeug und Lob. Ein sanftes Kraulen an der richtigen Stelle, und Ihr Bundespräsident wird fast alles für Sie tun. Zu anstrengend? Kein Problem, dann laden Sie ihn sich doch einfach bei Jamba runter, den

ultimativen Umgangston für Ihren Präsidenten!

10. Februar 2006

VERBOTEN

**Guten Tag,
meine Damen und Herren!**

Das Wetter ist mies, die Zukunft trübe, die Lage ernst. *verboten* fasst die düsteren Aussichten kurz zusammen: Wer jetzt noch nicht unter Schneemassen und eingestürzten Dächern begraben liegt, den wird der tückische Feinstaub ereilen. Wer sich den Feinstaub vom Leib hält, der wird an Acrylamid zugrunde gehen. Wer das fiese Acrylamid überlebt, fällt der noch viel fieseren Vogelgrippe zum Opfer. Wer der Vogelgrippe entgehen sollte, der wird beim Kampf der Kulturen verheizt. Wer nicht an der modischen Magersucht stirbt, stirbt eben an vergiftetem Gammelfleisch. *verboten* rät: Kopf hoch! Aus dem bayerischen Deggendorf werden erste Anzeichen einer Besserung gemeldet! Dort stürzte das Kühlhaus der Firma »Frost GmbH« ein. Das Dach war unter den Schneemassen eingebrochen und hat dabei

das Gammelfleisch unter sich begraben!

17. Februar 2006

VERBOTEN

**HaaaaTSCHIE,
meine Damen und Herren!**

Ganz Deutschland folgt seit Wochen gebannt dem multimedialen Doku-Thriller »Deutschland sucht die Superseuche!«. Nun ist es so weit. Viele verängstigte Menschen sind verunsichert und fragen verzweifelt: »Pandemie, ick hör dir trapsen! Aber wie kann ich mich vor dem Virus schützen?« Eigentlich nur mit dem *verboten*-Leitfaden:

1. Basteln Sie mal wieder ein Vogelhäuschen.
2. Erwerben Sie ein Luftgewehr.
3. Zielen Sie auf den Vogel.
4. Drücken Sie ab.
5. Schmusen Sie mit dem Kadaver (mit Zunge!).
6. Kadaver in der Küche rupfen.
7. Polstern Sie mit den Federn Ihr Kissen aus.
8. Bereiten Sie den toten Vogel zu. Bon appétit!

Nur wenn Sie alle Punkte berücksichtigen, kann sie Ihnen und Ihrer Familie nichts mehr anhaben:

die tückische Spaßvogelgrippe.

1. August 2006

VERBOTEN

Guten Tag, meine Damen und Herren!

Haben Sie schon mit Robbie Williams geschlafen? Nein? Seltsam. Nun, da die Friseuse Heide (22) und die Studentin Alicia (20) ihr Schweigen gebrochen haben, kann es auch für die Seite-1-Rubrik *verboten* kein Halten mehr geben. *verboten* erzählt: »Ich wusste, dass Robbie im Ritz-Carlton wohnt, wartete vor dem Hotel. Um 10.30 Uhr wurde ich ins Schlafzimmer der Suite gebracht. Es sah unordentlich aus. Überall lagen Socken und Slips. Dann kam ER, mit nacktem Oberkörper, sagte: ›Guten Tag, meine Damen und Herren‹, was ich supersüß fand. Dann begann er, mich zu lesen, Wort für Wort, seine aufmerksamen Augen wanderten tiefer. Dann öffnete er behutsam meinen Redaktionsschluss …

… und gemeinsam kamen wir zur Pointe!«

5. April 2007

VERBOTEN

Guten Tag, meine Damen und Herren!

Hand aufs Herz: Was ist das Verrückteste, das Sie jemals geschnupft haben? Na? Wir sagen's auch nicht weiter, versprochen! Kokain? Das ist vernünftig, nicht verrückt. Lebende Ameisen? Alter Hut, hat Ozzy Osbourne schon ausprobiert. Und Keith Richards? »Das Verrückteste, was ich jemals geschnupft habe? Das war mein Vater.« Holla. Der eigene Vater! Das dürfte schwer zu toppen sein. Es sei denn, Helmut Schmidt würde endlich mit der ganzen Wahrheit rausrücken und gestehen, was er sich seit Jahren unter unser aller Augen durch die Nase zieht: »Sie wurde eingeäschert, und ich konnte einfach nicht widerstehen, sie mit Schnupftabak zu vermahlen.«

Arme Sozialdemokratie.

7. August 2007

VERBOTEN

Werte Fahrgäste!

Die Sicherheitsfahrschaltung, kurz »Totmannknopf«, bringt einen Zug zum Stehen, wenn der Lokführer während der Fahrt handlungsunfähig wird, seinen Arbeitgeber bestreikt oder tot umfällt. Alle 30 Sekunden muss er eine Taste betätigen, sonst bremst der Zug automatisch ab. Auch *verboten* ist mit einem solchen Totmannknopf ausgerüstet! Wird die sogenannte Sicherheitsschreibschaltung vom zuständigen Autor nicht alle 30 Sekunden betätigt, verliert die Rubrik oder meinetwegen auch Kolumne, *verboten* halt, also verliert *verboten* spürbar an … äh, Tempo oder Geschwindigkeit oder wie das heißt, wird also laaangsamer. Immer laaaaaangsamer. Und kommt schon nach wenigen Zeilen vollends

zum Stillstand.

26. September 2007

VERBOTEN

**Guten Tag,
meine Damen und Herren!**

Weil er gerade nichts Besseres zu tun hatte, hat der Lesben- und Schwulenverband 922 deutsche und türkischstämmige Jugendliche sowie junge Einwanderer aus der ehemaligen UdSSR in Berliner Schulen nach ihrer Haltung gegenüber Lesben und Schwulen befragen lassen, und siehe da: Schwulenhass ist bei jungen Einwanderern aus der Türkei und der ehemaligen Sowjetunion weit stärker verbreitet als bei deutschen Jugendlichen! Immer diese aufklärungsresistenten Ausländer? Na ja. *verboten* empfiehlt, diese tolle Umfrage bei 922 strikt deutschstämmigen Jugendlichen aus Mittelfranken oder Oberbayern zu wiederholen – und macht sich, bis die Ergebnisse vorliegen, noch ein paar schöne Stunden

im Darkroom der Demoskopie.

18. Dezember 2007

VERBOTEN

**Guten Tag,
meine Damen und Herren!**

verboten rätselt und rätselt und kommt einfach nicht drauf, was eine so talentierte und zauberhafte und alles in allem außergewöhnliche Frau wie Carla Bruni in die kurzen Arme von Nicolas Sarkozy treibt.
Für alle, die sich nicht so gut auskennen: Nicolas Sarkozy ist der Präsident von Frankreich, das liegt quasi auf halbem Weg zwischen Deutschland und Spanien. Was also findet die Italienerin Bruni, bekanntlich Supermodel und Supersongwriterin, an einem wie Sarkozy? Sind es seine inneren Werte? Ist es sein Augenaufschlag? Ist es sein volles Haupthaar? Sein Lächeln? *verboten* weiß aus Erfahrung: Nein, es ist die Erotik der Macht, um ganz genau zu sein:

sein Atomknopffingerchen.

28. Mai 2008

VERBOTEN

**Guten Tag,
meine Damen und Herren!**

Erinnern Sie sich noch an den Ersten Weltkrieg? Vierzehnachtzehn? Jeder Schuss ein Russ', jeder Stoß ein Franzos', jeder Tritt ein Brit'? Dicke Berta? 08/15? Nein? Eben deswegen werden sie derzeit allerorten aus den Pflegeheimen gezerrt, die »letzten Beteiligten« am Großen Schlachten. Vergangenes Jahr starb der letzte Russ' mit 109, der letzte Brit' (106) folgte kurz darauf, und als im März mit 110 Jahren ein gewisser Lazare Ponticelli verschied, verordnete ganz Frankreich sich Staatstrauer. Jetzt erst starb mit 107 Jahren in Baden-Württemberg Franz Künstler, der letzte deutsche Veteran. *verboten* fragt sich ernsthaft, was uns das sagen soll. Abgesehen davon, dass

wir also am Ende doch noch gewonnen haben.

31. Mai 2008

VERBOTEN

Guten Tag, meine Damen und Herren!

Sensation! Tief drinnen im brasilianischen Urwald, wo sich Piranha und Vogelspinne gute Nacht sagen, irgendwo also an der total mit Gestrüpp und Riesenbäumen zugewucherten Grenze zu Peru, hat die zuständige Behörde beim Blick aus dem Flugzeug einen bisher unbekannten Indianerstamm entdeckt, der dort offenbar seit mindestens Jahrzehnten in totaler Isolation vor sich hin lebte, vollkommen abgeschnitten von den Segnungen und Fährnissen unserer Zivilisation. Auf dramatischen Bildern sind feuerrot angemalte Gestalten zu sehen, die mit Pfeil, Bogen und Blasrohr auf den am Himmel dahinknatternden Boten des Fortschritts zielen. Keiner weiß, wie der Stamm heißt. *verboten* tippt mal auf:

SPD.

30. Juni 2008

VERBOTEN

Guten Tag, meine Damen und Herren!

Für 245 000 Euro hat ein 44-jähriger Australier sein ganzes Leben bei eBay versteigert, inklusive Job, Freunden, Haus samt Einrichtung, Fernseher, Computer und des ganzen anderen Plunders, den manche Leute ihr »Leben« nennen. Auch *verboten* steckt mitten in der Midlife-Crisis, trägt sich mit dem Gedanken, sich von seiner Zeitung zu trennen, will ein neues Leben beginnen. Wer will, kann alles haben: knapp sechs Quadratzentimeter täglich auf der Seite 1 der *taz*, 24 nie verwendete Pointen (originalverpackt!), die gesammelten Werke von Marx, Engels, »Fix und Foxi« sowie 1 000 (ungeöffnete!) LeserInnenbriefe im Stil von »Macht doch an der Stelle lieber mal was über Beschneidungen in Ägypten«.

Na? Interesse? Hätte uns auch gewundert …

20. Oktober 2008

VERBOTEN

Guten Tag, meine Damen und Herren!

Immer neue, immer schmutzigere Enthüllungen verdüstern die strahlende Aura, die zeitlebens den Kärntner Landeshauptmann Jörg Haider umgeben hatte. Aktuellen polizeilichen Erkenntnissen nach soll das politische Multitalent (FPÖ, BZÖ, VW) zum Zeitpunkt seines tragischen Ablebens nicht nur stockbesoffen (1,8 Promille, Wodka), sondern auch stockschwul (Guido Westerwelle, Karl Lagerfeld) gewesen sein. Viele Menschen vor allem in Österreich fragen sich nun erstens: Wie schwul genau war »das Jörgerl« (Szenejargon)? Und zweitens: Ist er wegen seiner Homosexualität am Steuer in Schwulitäten (Totalschaden, Tod) gekommen? *verboten* will das alles gar nicht wissen, gibt aber zu bedenken:

Auch böse Menschen können schwul sein.

5. Februar 2009

VERBOTEN

Guten Tag, meine Damen und Herren!

»I screwed up«, sagte US-Präsident Barack Obama am Dienstagabend nach dem Rückzug seines Ministerkandidaten Tom Daschle aus, äh, steuerlichen und lobbytechnischen Gründen. »I screwed up« – ein erschütternd ehrlicher Supersatz, den gewiss nicht nur *verboten* gerne mal aus weniger nichtigem Anlass und berufenerem Munde gehört hätte. Von Richard Nixon: »I screwed up too!« Von George W. Bush: »I totally fucked it up!« Von Silvio Berlusconi: »Ho fatto un pasticcio!« Von Adolf Hitler: »Öch hobe ös verrmasselt!« Von Napoleon Bonaparte: »Je suis tombé en panne!« Und natürlich von Seiner Heiligkeit, Papst Benedikt dem Soundsovielten:

»Zefix, do hob i an scheena Scheis baut.«

6. Februar 2009

VERBOTEN

**Guten Tag,
meine Damen und Herren!**

Wenn es in Deutschland eine Zeitung gibt, die den Anfängen wehrt, dann ja wohl die *Frankfurter Rundschau*. Erst hat die Geheime Sprachpolizei (Gesprapo) vom Main den Tinnef- und Tandverkäufer Tchibo wegen seines Werbesprüchleins »Jedem das Seine« der Holocaustverharmlosung bezichtigt. Wie im Enthüllungsrausch legte die *FR* gestern nach: Auch Hessens neue Kultusministerin, die perfide Nachwuchsfaschistin Dorothea Henzler (FDP), hat den gedankenlosen Holocaust-verharmlosungssatz (»Jedem das Seine«) in einer Broschüre verwendet! Potztausend! Deutschland, quo vadis? Das darf man doch nicht! Oder darf man's doch? *verboten* meint:

Chacun à sa façon.

11. März 2009

VERBOTEN

**Guten Tag,
meine Damen und Herren!**

Bitte folgen Sie *verboten* heute unauffällig in den Zoo von Stockholm, wo Forscher eine verblüffende Entdeckung gemacht haben. Ein Schimpanse soll dort über Jahre hinweg Steine aus dem Wassergraben gefischt und versteckt haben. Zusätzlich hat sich der Affe auch seine eigenen Geschosse gebastelt. Dazu klopfte er immer wieder suchend den Betonboden ab, brach Stücke heraus und schlug sie sich zu idealen Wurfscheiben zurecht. Während er über Nacht sein Waffendepot aufstockte, habe der Affe ruhig und überlegt gewirkt. Später dann holte er seine Munition aus den Verstecken und schleuderte sie mit wildem Geschrei, obszönen Gesten und irrem Angriffsgehabe auf die Besucher. Und wissen Sie was?

Genau so macht's *verboten* auch!

28. Oktober 2010

VERBOTEN

Guten Tag, meine Damen und Herren!

Was ist nur mit den guten alten Hells Angels los? In den USA hat die Mofa-Gang nun drei Modefirmen nicht verprügelt, sondern verklagt. Denn deren Designer sollen das heilige Symbol der Rocker plagiiert haben. Dabei handelt es sich um einen ziemlich albernen, weil geflügelten Totenkopf, der, so der Anwalt der Kradfahrer, einen »großen wirtschaftlichen Wert« habe. *verboten* folgert: Die Hells Angels planen eine eigene Modelinie namens »Hell'o Kitty«. Und das ist erst der Anfang. Es folgen: »Hells Angels – The Movie« (in 3-D), das PC-Spiel »Angels On Bikes From Hell« (ab 18), ein Broadway-Musical (»Vroom, Vroom«) und, klar:

»Hells Angels On Ice«.

13. Januar 2011

VERBOTEN

Guten Tag, meine Damen und Herren!

Klaus Ernst, Kovorsitzender der Linken, fährt einen 911er Porsche und findet nichts dabei: »Viele denken bei dem Begriff ›Porschefahrer‹ an Stalin und die Mauer und weniger an die Verfolgung von Porschefahrern durch die Kommunisten. Als Porschefahrer kann man nicht nur rumlaufen, als hätte man drei Tage lang nicht geschlafen, nichts gegessen und auch noch schlecht gesoffen«, so Ernst. Porschefahren sei wie Parteiführen: »Toll, wie die Basis brüllend aufs Gaspedal reagiert und die Partei mit einem Affenzahn in die Richtung schnellt, in die ich sie gelenkt habe.« Lesen Sie morgen in *verboten* alles über Gesine Lötzsch und ihre geheime Liebe

zu Lamborghini.

17. Februar 2011

VERBOTEN

**Guten Tag,
meine Damen und Herren!**

Der US-Radiosender NPR hat das am besten gehütete Geheimgeheimnis aller Zeiten gelüftet! Dabei geht es nicht darum, dass Jesus Christus ein jüdischer Zombie war oder warum sich John F. Kennedy damals in Dallas selbst erschossen hat, sondern um das seit 125 Jahren streng geheime Geheimrezept für die Superbrause von Coca-Cola (»Enjoy!«). *verboten* druckt das Rezept gern nach. Man nehme: Koffein, Kokain, ätherische Öle, Zucker, Zucker, Zucker, etwas Zucker, Blubberwasser, Zucker, Zucker und noch mal Zucker. Und eine Messerspitze Puderzucker. So. Das dürfte es jetzt endgültig gewesen sein mit der globalen kulturell-ökonomischen

Hegemonie der USA.

17 Sonderserie: Das Eiserne Kreuz

19. März 2003

VERBOTEN

**Guten Tag,
meine Damen und Herren!**

verboten verleiht einen Orden: das Eiserne Kreuz. Heute an:

den polnischen Präsidenten Aleksander Kwasniewski.

Polen will einen Krieg der USA gegen den Irak mit 200 Soldaten unterstützen. Ganze 200 Polen ziehen also in den Krieg. Das hält die Opferrate niedrig. Dafür vergibt *verboten* das beliebte Metall an den tapferen Präsidenten. Und in den nächsten Tagen an weitere preisverdächtige Kandidaten. Die am liebsten selbst durch die Wüste robben würden. Hauptsache, dabei sein. Wie heute die Polen.

**Herzlichen Glückwunsch,
Aleksander Kwasniewski!**

20. März 2003

VERBOTEN

**Guten Tag,
meine Damen und Herren!**

verboten entzieht heute das Eiserne Kreuz. Und zwar:

Franz Josef Wagner

Der *Bild*-Kolumnist (»Post von Wagner«) und Amerikaliebhaber schreibt nicht mehr. Was ist da los, jetzt, in diesen schweren Zeiten? Die *verboten*-Nachfrage im *Bild*-Sekretariat in Berlin ergab: Franz Josef Wagner macht Urlaub. Er schreibt erst wieder Anfang April. »Wenn er Urlaub hat, dann hat er Urlaub«, heißt es bei *Bild*. Und der US-Krieg gegen Irak? Hat Franz Josef Wagner dazu nichts zu sagen? Oder will er nicht? Drückt er sich? Malediven statt Mörser? Nein! *verboten* erkennt hiermit Franz Josef Wagner das Eiserne Kreuz ab wegen: Feigheit vor dem Feind und Schwächung der Heimatfront!

Wagner, zurück ins Glied!

21. März 2003

VERBOTEN

**Guten Tag,
meine Damen und Herren!**

verboten verleiht heute erneut das Eiserne Kreuz. Und zwar:

Thomas Gottschalk

Das ZDF überlegt, die TV-Show »Wetten, dass …?« am Samstag wegen des Krieges ausfallen zu lassen. Und was sagt der Moderator? »Ich bin bereit anzutreten. Ich bin das letzte Lagerfeuer der Deutschen.« *verboten* würdigt Gottschalks Einstehen für Unterhaltung auch in Kriegszeiten. Zoten, Schwiegermutter-Humor, Gummibärchen und Po-Zeitlupen – der Wahl-Amerikaner (Erstwohnsitz: Malibu) besitzt ein Urwissen um das Bedürfnis nach feurigem Fronttheater!

**Herzlichen Glückwunsch,
Thomas Gottschalk!**

22. März 2003

VERBOTEN

**Guten Tag,
meine Damen und Herren!**

verboten verleiht heute das Eiserne Kreuz. Und zwar:

Peter Kloeppel

Der RTL-Moderator moderiert das Vorrücken der US-Truppen mit der Zähigkeit von aufziehbarem Blechspielzeug und der inneren Haltung eines preußischen Zinnsoldaten – wartungsarm, rund um die Uhr, auch bei Ihnen zu Hause. Nun hat er endlich auch auf die lästige Trennschärfe zwischen »sie« und »wir« verzichtet: Man müsse, so Kloeppel vorgestern, bei Basra schon damit rechnen, »dass wir solche Truppenkonzentrationen antreffen«.

Spitze, Kloeppel!

24. März 2003

VERBOTEN

Guten Tag,
meine Damen und Herren!

verboten verleiht heute erstmals das Eiserne Kreuz 1. Klasse. Und zwar:

Thomas Gottschalk

Denn das »letzte Lagerfeuer der Deutschen« (Gottschalk über »Wetten, dass ..?«) brannte am vergangenen Samstag lodernder als jede Ölquelle. Als wäre das nicht schon genug, ging Gottschalk tapfer gegen demonstrierende Wehrkraftzersetzer auf deutschen Straßen und im deutschen Volkskörper vor: »Nur wenn daheim in der Familie Frieden herrscht, darf man auch für den Frieden auf die Straße gehen!« Künftig also gilt: Dieser Kriegskrams ist viel zu komplex, als dass *verboten* sich eine Meinung erlauben darf.

Glückwunsch, Gottschalk!

25. März 2003

VERBOTEN

Guten Tag,
meine Damen und Herren!

verboten verleiht heute das Eiserne Kreuz. Und zwar an:

Jan-Eric Peters

Der Chefredakteur der Tageszeitung *Die Welt* hatte schon am ersten Tag des Irakkriegs jede Diskussion im Keim erstickt. Für die »freie Welt, für jedes Land und für jeden Einzelnen« gebe es nur eine Wahl: »Mit den Amerikanern oder gegen sie?« *verboten* hat die *Welt* knapp eine Woche lang überprüft und lobt Peters für seine Tapferkeit: Trotz übermächtiger Konkurrenz im eigenen Haus durch *Bild* und andere alliierte Bunkerknacker hat Peters es geschafft, die *Welt* zu einem flächendeckenden Bombenblatt aufzurüsten.

Herzlichen Glückwunsch, Jan-Eric Peters!

26. März 2003

VERBOTEN

Guten Tag, meine Damen und Herren!

verboten verleiht heute ausnahmsweise das Eiserne Herz. Und zwar an:

Uschi Glas.

Unter der Schlagzeile »Habt ein Herz!« schaute gestern Uschi Glas aus der ersten Seite der *Bild*-Zeitung heraus. Ein waidwundes Reh. Vom Kriegsfernsehen gezeichnet. Mit Augenringen bis zur Oberkante Unterlippe. Tränendrüsen auf Drückprogramm: »Helft den Kindern des Krieges«, mahnt Uschi Glas. Als ob es im Krieg ehrenvolle Rangfolgen gäbe à la »Frauen und Kinder zuerst«. Heuchelfaktor zehn auf der nach oben offenen *Bild*-Skala. Dafür erhält die tapfere Uschi Glas die Mutter aller Kreuze: das Eiserne Herz.

Herzlichen Glückwunsch, Uschi Glas!

27. März 2003

VERBOTEN

Guten Tag, meine Damen und Herren!

verboten verleiht heute das Eiserne Kreuz. Und zwar an:

Christoph Böhr.

Der stellvertretende CDU-Vorsitzende hat in einer SFB-Diskussionsrunde am Dienstagabend den Satz gesagt: »Ja, die Regierung unterstützt Saddam Hussein.« Böhr erhält deshalb das Eiserne Kreuz aus drei Gründen:
a) Wahrhaftigkeit: Endlich hat das mal jemand gesagt.
b) Mitleid: Mit dem Eisernen Kreuz kann Böhr jetzt das Loch stopfen, aus dem so viel heiße Luft dringt.
c) Kadavergehorsam: Böhr hat nix zu melden, steht aber wie ein Soldat hinter Angela Merkel bis in den politischen Hirntod.

Herzlichen Glückwunsch, Christoph Böhr!

28. März 2003

VERBOTEN

**Guten Tag,
meine Damen und Herren!**

verboten verleiht heute das Eiserne Kreuz. Und zwar an:

Hans-Olaf Henkel.

Der Ex-BDI-Chef beantwortete die Frage, ob sich Deutschland am Wiederaufbau des Irak beteiligen soll, mit politischer Weitsicht, die ihresgleichen sucht: »Gerade deutsche Firmen können viel tun. Das hilft dann nicht nur den leidgeprüften Irakern, sondern schafft deutsche Arbeitsplätze.« Gerade bei deutschen Firmen wie Rheinmetall, Krauss-Maffei Wegmann, Henschel Wehrtechnik, Heckler & Koch, Dynamit Nobel, Howaldtswerke Deutsche Werft. Zusammen mit Iran und Nordkorea macht das 4,7 Millionen Arbeitslose weniger.

**Herzlichen Glückwunsch,
Hans-Olaf Henkel!**

31. März 2003

VERBOTEN

**Guten Tag,
meine Damen und Herren!**

verboten verleiht heute das Eiserne Kreuz. Und zwar an:

die litauische Nationalmannschaft.

Die Fußballer aus dem Baltikum haben sich als würdige Mitglieder der »Koalition der Willigen« gezeigt und Deutschland ein 1:1 abgetrotzt. Es war gleichzeitig auch ein selbstbewusstes Signal an das »alte Europa«: Nehmt das »neue Europa« endlich ernst in seinem unbändigen Willen und seiner neuen taktischen Ausrichtung! Sonst steht demnächst sogar eine deutliche Niederlage bevor – und zwar auf eigenem Terrain! *verboten* schließt sich dem Glückwunsch-Telegramm von George W. Bush an:

**Herzlichen Glückwunsch,
litauische Nationalelf!**

1. April 2003

VERBOTEN

**Guten Tag,
meine Damen und Herren!**

verboten verleiht das Eiserne Kreuz. Und zwar an die:

deutschen Fernsehgeneräle.

Weinende Enkel, verwaiste Sandkästen, leere Schaukelstühle. Sie haben alles zurückgelassen, um die Fernsehschirme der Republik zu erobern: Die deutschen Militärrentner marschieren. Kukident-Generäle haben die TV-Sender besetzt, die von den zackigen Befehlen der Altinternationalen widerhallen: »Die Lage ist unübersichtlich«, expertelt es aus den grauen a.D.s, die zwar noch nie einen Krieg führten, aber schon immer wussten, wie man so tut, als ob. Für Tapferkeit vor dem TV-Feind gibt es deshalb das lang ersehnte Eiserne Kreuz.

**Herzlichen Glückwunsch,
Fernsehgeneräle!**

2. April 2003

VERBOTEN

**Guten Tag,
meine Damen und Herren!**

verboten verleiht das Eiserne Kreuz. Und zwar an:

Madonna

Denn Madonna faltet die Hände für die US-Soldaten, »die ich unterstütze und für die ich bete«, wie sie gestern verkündete. Beim vielen Beten muss Madonna dann aufgefallen sein, dass ihr erst am Montag vorgestelltes Video als Antikriegsstück verstanden werden könnte. Die in einen Kampfanzug gekleidete Pop-Ikone wirft darin eine Granate gegen eine Figur, die George W. Bush ähnlich sieht. Erschrocken hat Madonna gleich am Dienstag ihr Video zurückgezogen. Für so viel Tapferkeit erhält Madonna Luise Ciccione heute das Eiserne Kreuz.

**Herzlichen Glückwunsch,
Madonna!**

3. April 2003

VERBOTEN

**Guten Tag,
meine Damen und Herren!**

verboten verleiht heute das Eiserne Kreuz. Und zwar an:

Roh Moo Hyun.

Südkoreas Präsident hat sich zur Entsendung von 600 Soldaten und 100 Sanitätern in den Irak entschlossen, obwohl er sagt: »Dieser Krieg ist unbegründet.« Das Eiserne Kreuz erhält Roh Moo Hyun sowieso für die Unterstützung der US-Truppen. Aber auch für seine Souveränität, seinen Instinkt für das nationale Interesse – gepaart mit einer Weitsicht, die über Südkorea hinausgeht: Denn nie kann man wissen, wann Nordkorea dran ist – und jede Nation muss immer vorher auf der richtigen US-Seite stehen, bevor sie danach auf der falschen landet!

**Herzlichen Glückwunsch,
Roh Moo Hyun!**

4. April 2003

VERBOTEN

**Guten Tag,
meine Damen und Herren!**

verboten verleiht heute das Eiserne Kreuz. Und zwar an:

Hellmuth Karasek

Denn »Karasek hat sich als einer der ersten deutschen Intellektuellen für den Irakkrieg ausgesprochen«, meldet AP. Das sind gleich zwei Breaking News: Der *Tagesspiegel*-Herausgeber sei einer der ersten deutschen Intellektuellen! Und dann auch noch für den Krieg! Wie viele deutsche Intellektuelle werden da folgen? *verboten* schätzt: Neun Aufrechte werden sich finden. Das Eiserne Kreuz hat sich aber nur die Speerspitze verdient

**Herzlichen Glückwunsch,
Hellmuth Karasek!**

5. April 2003

VERBOTEN

Guten Tag, meine Damen und Herren!

verboten verleiht heute das Eiserne Kreuz. Und zwar an:

Barbara Faltermeier, RTL 2

Wie fast niemand bemerkt hat, startete auf RTL 2 Anfang der vergangenen Woche eine neue Staffel von »Big Brother«, diesmal mit dem Beinamen »The Battle«. Man habe die (an sich schon hinreichend geschmacklose) Sendung deshalb nicht umgetauft, sagt die RTL2-Pressesprecherin Faltermeier, weil der Name »The Battle« »international so gelaufen und vermarktet« ist. Toll! Das ist ja auch der Grund für den Irakkrieg!

Herzlichen Glückwunsch, Barbara Faltermeier!

7. April 2003

VERBOTEN

Guten Tag, meine Damen und Herren!

verboten verleiht heute das Eiserne Kreuz. Und zwar an:

Maureen Dowd (*New York Times*)

Damit ist die beliebte Kolumnistin (www.nyt.com) und Pulitzerpreisträgerin nun wohl auf dem Gipfel ihres Ruhms. Ausgezeichnet wird Dowd für die Verabschiedung eines Kollegen von der *Washington Post* – des ersten für Bush gefallenen US-Journalisten. »Der Vater von zwei kleinen Jungs (...) ging nach Bagdad, weil er sehen wollte, wie die Amerikaner Saddam rauskicken. (...) Er starb für die zwei Dinge, an die er glaubte: Journalismus und die Welt von gewalttätigen Unterdrückern zu befreien.«

Herzlichen Glückwunsch, Maureen Dowd.

8. April 2003

VERBOTEN

Guten Tag,
meine Damen und Herren!

verboten verleiht heute das Eiserne Kreuz. Und zwar an:

Helmut Markwort

Im TV-Werbespot zur aktuellen Ausgabe der Illustrierten *Focus* erörtert der gewichtige Chefredakteur im Kreise seiner Offiziere die drängenden Fragen der Zeit: Wie ist Bagdad einzunehmen? Belagern? Stürmen? Platt machen? Einer der Print-Generäle gibt zu bedenken: »Sie können eine 5-Millionen-Stadt nicht einfach aushungern!« Kann man wohl. Im Gegensatz zur *Focus*-Chefredaktion.

Herzlichen Glückwunsch,
Helmut Markwort!

9. April 2003

VERBOTEN

Guten Tag,
meine Damen und Herren!

verboten verleiht heute das Eiserne Kreuz. Und zwar an:

die Organisatoren des Hamburger Marathonlaufs.

Denn »der Krieg im Irak zwingt die Organisatoren des Hamburg-Marathons am 27. April zu einer Streckenverlegung«, meldet gestern dpa. Wird Hamburg von US-Truppen belagert? Sollen die Läufer wie Flüchtlinge beschossen werden? Müssen sie deshalb »aus Sicherheitsgründen« im Bogen um das US-Konsulat herumlaufen? Weitsicht, die ein Kreuz verdient.

Herzlichen Glückwunsch,
Marathonorganisatoren!

11. April 2003

VERBOTEN

**Guten Tag,
meine Damen und Herren!**

verboten verleiht heute das Eiserne Kreuz. Und zwar an:

Angela Merkel

Lange schon hatte die glühende Bush-Verehrerin auf die Auszeichnung gewartet. Nun, nach dem »Sieg in Bagdad« (*Bild*), erhält Angela Merkel endlich das beliebte Metall. Für ihr bunkerbrechendes Plädoyer von gestern: »Merkel plädierte dafür, das Macht-Vakuum in dem Land sehr schnell in ein stabiles System zu führen« (dpa). Stabiles System? Das kann nur eins bedeuten: Merkel muss nach Bagdad! Damit sie wenigstens einmal im Leben einen Staat ganz im Sinne des US-Präsidenten führen kann. Geschmückt mit dem Eisernen Kreuz.

**Herzlichen Glückwunsch,
Angela Merkel!**

12. April 2003

VERBOTEN

**Guten Tag,
meine Damen und Herren!**

verboten verleiht heute das letzte Eiserne Kreuz. Und zwar an:

verboten.

Kein anderer hat so tapfer den Kriegsschwurblern zugehört, hat ausgeharrt, wo andere längst davongerannt wären. Nur so konnten in diesen schweren Wochen zahllose Eiserne Kreuze verliehen und eines aberkannt werden. Allerdings: Wer im Dreck wühlt, macht sich auch schmutzig. Wer zu lange den Säbelrasslern zuhört, bei dem rasselt es irgendwann selbst im Kopf. Und so rief *verboten* plötzlich im Eifer des Gefechts: »Komm, Angela, lass uns auch wo einmarschieren.«

**Herzlichen Glückwunsch,
verboten!
Und gute Besserung.**

18 Sonderserie: Schach mit dem Sehraltkanzler

30. Juli 2003

VERBOTEN

Guten Tag, meine Damen und Herren!

Stellen Sie sich kurz vor, der Papst bekommt ein Kind. Oder Fidel Castro wird Chef von DaimlerChrysler. Oder Klaus Wowereit heiratet Sabine Christiansen. Das ist so unwahrscheinlich wie die Vorstellung, dass Helmut Schmidt im Schach verliert. Schließlich ist Schmidt der Karpov, wenn nicht Kasparov unter den Kanzlern. Doch nach seinem Herzkaspar im vergangenen Jahr habe er plötzlich beim Schach gegen seine Frau Loki verloren, erklärte Schmidt jetzt in einem Interview: »Ein Vorgang, der mich verunsicherte.« Helmut Schmidt lässt sich verunsichern? Der Oberleutnant der Nation, der stets zähnefletschend seine Gedanken verteidigt, selbst wenn er keine hat? »Jetzt ist alles aber wieder in Ordnung: Ich gewinne immer«, freute sich der Sehraltkanzler. Das wird sich zeigen …

verboten **eröffnet: d2-d4**

31. Juli 2003

VERBOTEN

verboten **spielt Sommerschach mit dem Sehraltkanzler.**

Auf die Toskanische Eröffnung von *verboten* (d2-d4) antwortet Helmut Schmidt heute mit der geschlossenen Königsindischen Verteidigung (Sf6). Schon jetzt kristallisiert sich heraus: Es ist ein Kampf zwischen Weiß und Schwarz, Gut und Böse, *verboten* und Schmidt.

verboten gewinnt immer! Denn: »Das Schachspiel ist wie ein See, in dem eine Mücke baden und ein Elefant ertrinken kann«. (Helmut Schmidt)

1. August 2003

VERBOTEN

***verboten* spielt Sommerschach mit dem Sehraltkanzler.**

Gestern erschreckte uns Helmut Schmidt mit seinem Pferdchen. *verboten* hat lange gegrübelt. Und spielt heute die berühmte Doppelbeschluss-Variante von c2 auf c4. Jetzt wollen wir mal sehen, wie der alte Taktiker da wieder rauskommt.

verboten gewinnt immer! Denn: »Schach und Theater haben schon viele Leute in den Wahnsinn getrieben.« (Helmut Schmidt)

2. August 2003

VERBOTEN

***verboten* spielt Sommerschach mit dem Sehraltkanzler.**

Also noch mal zur Erinnerung: 1. d4-Sf6; 2. c4 – und Helmut Schmidt antwortet auf den bäuerlichen Doppelbeschluss mit der Pershing-Nummer: g6! Wahnsinn! Aber *verboten* hat jetzt ein ganzes Wochenende.

verboten gewinnt immer! Denn: »Du kannst deinen Gegner mit dem Schachbrett erschlagen, aber das zeigt noch lange nicht, dass du der bessere Spieler bist«. (Helmut Schmidt)

4. August 2003

VERBOTEN

verboten spielt Sommerschach mit dem Sehraltkanzler.

verboten hatte ein Wochenende Zeit, um Helmut Schmidts g6 zu erwidern. Hey, was der kann, kann *verboten* schon lange: g3! Wenn verboten nicht alle täuscht, deutet das auf ein klares Matt in fünf Zügen hin. Auf, Schmidt, Sie sind dran!

verboten gewinnt immer! Denn: »Schach überragt alle Spiele wie der Chimborasso einen Misthaufen.« (Helmut Schmidt)

5. August 2003

VERBOTEN

verboten spielt Sommerschach mit dem Sehraltkanzler.

Ist *verboten* die Hitze aufs Hirn geschlagen? Zuletzt stimmten Züge und Bild nicht überein. Das lag an Schmidts Psychoterror, der lautstark Prisen schnupfte. Deshalb heute noch einmal die bisherige Schlacht zwischen *verboten* und Helmut Schmidt: 1. d4-Sf6 2. c4-Le6 3. Sf3. Kühn zieht Schmidt heute: d7-d5.

verboten gewinnt immer! Denn: »Die Idee ist ein Schach, das man der Wahrheit bietet«. (Helmut Schmidt)

6. August 2003

VERBOTEN

verboten spielt Sommerschach gegen den Sehraltkanzler.

Auch *verboten* fragt sich: Wie lange soll es mit dieser gepflegten Langeweile noch weitergehen? Gibt es nichts Wichtigeres? Aber Helmut Schmidt bleibt hart, will die Partie zu Ende bringen, sagt: »Ich gewinne immer.« Na gut, eat this, Motherfucker: Springer von b1 auf c3.

verboten gewinnt immer! Denn: »Schach bleibt Schach, wie's singt und lach(t).« (Helmut Schmidt)

7. August 2003

VERBOTEN

verboten spielt Sommerschach gegen den Sehraltkanzler.

Aus! Vorbei! Buchstäblich im Handstreich hat Helmut Schmidt heute Nacht alle weißen Figuren vom Brett gefegt. *verboten* hat verloren! Denn:

»Im Schach geht es darum, den Gegner zu zerbrechen und zu zermahlen, ihn ein für alle Mal totzuhacken und zu zerstampfen und dadurch die menschliche Gesellschaft von einer stinkenden Pestbeule zu befreien. Es ist ein königliches Spiel.« (Helmut Schmidt)

Namensregister

192 Seiten
ISBN 978-3-86489-008-9
€ 12.99

»Datengespickt, doch so anschaulich erzählt, dass es angenehm zu lesen ist … Insgesamt liefern die Autoren eine saubere Recherche, die allen Perspektiven Raum gibt.«
Die ZEIT

Für viele Menschen ist mit dem Atomausstieg das Thema Energiepolitik erledigt. Dabei ist die sogenannte Energiewende nur der erste Schritt, denn jetzt werden die Weichen gestellt, wie die Energieversorgung in Deutschland, Europa und der ganzen Welt in den nächsten Jahrzehnten aussehen wird. Wird sie zentral oder dezentral sein? Bestimmen die alten Konzerne die Zukunft der Energieproduktion oder setzen sich neue, innovative Firmen durch? Welche Köpfe beeinflussen maßgeblich die Energiewende, wer zieht im Hintergrund die Fäden? Hier finden Sie die Antworten.

256 Seiten
ISBN 978-3-86489-010-9
€ 12.99

»Ein faktenreicher Sammelband«
Saldo

Wo die Verkäufer auch Käufer sind, macht Betrug am Kunden keinen Sinn. Das genossenschaftliche Wirtschaften hat dem kapitalistischen Wettbewerb nicht nur diese Vertrauensbasis voraus: Vom gemeinsamen Ziel angetrieben, sind Genossenschaften oft Innovationsmotoren. Und nicht selten koppeln sie ihr wirtschaftliches Handeln an ein politisches Ziel. Was sich anhört wie ein paradiesischer Zustand, wird weltweit seit mehr als hundert Jahren täglich und erfolgreich umgesetzt. Dieses Buch zeigt, wie wir mit Genossenschaften den Kapitalismus überwinden können.

224 Seiten
ISBN 978-3-938060-64-3
€ 12.99

»Ein Kompendium in Sachen EU-Abschottung, aber auch in Sachen möglicher Gegenwehr.«
Ossietzky

Es ist ein Skandal: Die EU schottet sich ab gegen Flüchtlinge, deren Armut sie durch ihre fragwürdige Subventionspolitik zum Beispiel in Afrika zu großen Teilen mit verursacht.
Die Folgen: Für Flüchtlinge wird es immer gefährlicher, in die EU zu gelangen. Es wird geschätzt, dass jeder vierte Flüchtling im Mittelmeer ertrinkt; für Schlepperbanden hingegen wird dieser »Geschäftszweig« immer lukrativer. Jürgen Gottschlich und Sabine am Orde zeigen die fatale Preisgabe der Menschenrechte an Europas Grenzen, untersuchen die fragwürdige Rolle der EU-Grenzagentur Frontex und fordern eine neue Flüchtlings- und Einwanderungspolitik für Deutschland und für Europa.

192 Seiten
ISBN 978-3-938060-38-4
€ 12.99

»Armin Reller und Heike Holdinghausen listen minutiös den Energieverbrauch auf, mit dem der eine Teil der Welt seinen Wohlstand sichert und die Ressourcen von morgen verschleudert.«
ORF Kulturmontag

Metalle und Holz, Getreide und Fleisch, Gas und Öl schippern über die Weltmeere, fließen durch Pipelines, sausen über Autobahnen von West nach Ost, Süd nach Nord. Und machen sich als Handy, Pullover oder Tierfutter erneut auf den Weg, mit unbekanntem Ziel. Der Menschheit stand noch nie so viel Energie zur Verfügung, dass sie sich selbst und die Waren aller Art pausenlos in Bewegung setzen konnte, zu Lande, zu Wasser und in der Luft. Doch wer zahlt den Preis für diesen Wohlstand? Die Autoren zeigen die fatalen ökologischen, politischen und sozialen Folgen unseres Lebensstils.

192 Seiten
ISBN 978-3-938060-34-6
€ 12.95

»Wer das Buch liest, bekommt Lust auf Gesellschafts-, Klima- und Sinneswandel.«
wienerzeitung.at

Heute schon die Welt verändert? Nimm die Dinge wieder selbst in die Hand! In 50 Kapiteln beschreiben, empfehlen und kommentieren die AutorInnen, was getan werden kann, um die zivilgesellschaftliche, soziale und ökologische Entwicklung voranzubringen und das Gemeinwohl wieder in den Mittelpunkt zu stellen.